KUCHAŘKA NA SALÁTY ŘEMESLNÉ ANTIPASTO

100 inspirací předkrmového salátu z břehů Itálie, Řecka a dále

Markéta Neumannová

Materiál chráněný autorským právem ©2024

Všechna práva vyhrazena

Žádná část této knihy nesmí být použita nebo přenášena v jakékoli formě nebo jakýmikoli prostředky bez řádného písemného souhlasu vydavatele a vlastníka autorských práv, s výjimkou krátkých citací použitých v recenzi. Tato kniha by neměla být považována za náhradu lékařských, právních nebo jiných odborných rad.

OBSAH

OBSAH 3
ÚVOD 6
SALÁTY Z RYB A MOŘSKÝCH PLODŮ 7
   1. Předkrmový salát s tuňákem 8
   2. Středomořský salát s tuňákem a předkrmem 10
   3. Předkrmový salát z mořských plodů Středomoří 12
   4. Italský předkrmový salát s krevetami a hřebenatky 14
   5. Salát s uzeným lososem a avokádem 16
   6. Grilovaná chobotnice a bramborový předkrmový salát 18
VEGGIE SALÁTY 20
   7. Italská předkrmová salátová mísa 21
   8. Předkrmový salát z grilované zeleniny 23
   9. Předkrmový salát z čerstvé zahrady 25
   10. Předkrmový salát inspirovaný Řeckem 27
   11. Předkrmový salát Caprese 29
SALÁTY Z UZENÝCH MAS 31
   12. Toskánský předkrmový salát 32
   13. Párty předkrmový salát 34
   14. Předkrmová sýrová deska 36
   15. Předkrmový Wonton salát 38
   16. Španělský chorizo a salát Manchego Antipasto 40
   17. Francouzský salát s uzeninami Antipasto 42
   18. Předkrmový salát s uzeným masem inspirovaný Řeckem 44
   19. Rustikální uzeniny Antipasto salát 46
   20. Předkrmový salát s prosciuttem obaleným melounem 48
TĚSTOVÉ SALÁTY 50
   21. Omáčkový salát Cheddar Fusilli 51
   22. Italský studený těstovinový salát se salámem 53
   23. Studený těstovinový salát z Turecka a brusinek 55
   24. Studený těstovinový salát se šunkou a čedarem 57
   25. Kuřecí Caesar Studený těstovinový salát 59
   26. Řecký těstovinový salát Orzo s gyro masem 61
   27. Pečené hovězí a těstovinový salát s čedarem 63
   28. Bacon Ranch Studený kuřecí těstovinový salát 65
   29. Italský předkrmový těstovinový salát 67
   30. Uzené krůtí a těstovinový salát s avokádem 69
   31. Grilovaná klobása a zeleninový těstovinový salát 71
   32. Studený těstovinový salát s krevetami a avokádem 73
   33. Pastrami a švýcarský studený těstovinový salát 75
   34. Studený těstovinový salát s tuňákem a bílými fazolemi 77

35. B BQ TĚSTOVINOVÝ SALÁT S KUŘECÍM MASEM A KUKUŘICÍ 79
36. ITALSKÁ KLOBÁSA A TĚSTOVINOVÝ SALÁT S PAPRIKOU 81
37. COPYCAT RUBY TUESDAY TĚSTOVINOVÝ SALÁT 83
38. SÝROVÝ SALÁT PEPPERONI ROTINI 85
39. TĚSTOVINOVÝ SALÁT GORGONZOLA 87
40. TĚSTOVINOVÝ SALÁT ROMANO LINGUINE 89
41. MÁTOVÝ SALÁT FETA A ORZO 91
42. TĚSTOVINOVÝ SALÁT S OŘECHOVOU GORGONZOLOU 93
43. ČERSTVÝ CITRONOVÝ TĚSTOVINOVÝ SALÁT 95
44. SALÁT SE TŘEMI SÝRY TORTELLINI 97
45. PESTO A SALÁT PENNE ZE SUŠENÝCH RAJČAT 99
46. TĚSTOVINOVÝ SALÁT S ČEDAREM A BROKOLICÍ 101
47. GRILOVANÝ SALÁT S TOFU A SEZAMOVÝMI NUDLEMI 103
48. TĚSTOVINOVÝ SALÁT Z GRILOVANÉ MUŠLE A CHŘESTU 105
49. TĚSTOVINOVÝ SALÁT S TUŇÁKEM A ARTYČOKY 107
50. TĚSTOVINOVÝ SALÁT S KREVETAMI A AVOKÁDEM 109
51. TĚSTOVINOVÝ SALÁT Z UZENÉHO LOSOSA A KOPRU 111
52. KRABÍ A MANGOVÝ TĚSTOVINOVÝ SALÁT 113
53. TROPICKÉ OVOCE A TĚSTOVINOVÝ SALÁT S KREVETAMI 115
54. TĚSTOVINOVÝ SALÁT S BOBULEMI A FETA 117
55. CITRUSOVÝ A AVOKÁDOVÝ TĚSTOVINOVÝ SALÁT 119
56. VODNÍ MELOUN A TĚSTOVINOVÝ SALÁT FETA 121
57. TĚSTOVINOVÝ SALÁT S MANGEM A ČERNÝMI FAZOLEMI 123
58. TĚSTOVINOVÝ SALÁT S JABLKY A OŘECHY 125
59. TĚSTOVINOVÝ SALÁT S ANANASEM A ŠUNKOU 127
60. TĚSTOVINOVÝ SALÁT S CITRUSOVÝMI PLODY 129
61. KIWI, JAHODY A TĚSTOVINOVÝ SALÁT ROTINI 131
62. MANGO SALSA S TĚSTOVINOVÝM SALÁTEM FARFALLE 133
63. TĚSTOVINOVÝ SALÁT S BROSKVÍ A PROSCIUTTEM 135
64. TĚSTOVINOVÝ SALÁT S BORŮVKOU A KOZÍM SÝREM 137
65. ŠPENÁT, HRÁŠEK, MALINY A TĚSTOVINOVÝ SALÁT SE SPIRÁLOU 139
66. MANDARINKOVÝ A MANDLOVÝ TĚSTOVINOVÝ SALÁT 141
67. HŘEBENATKA A TĚSTOVINOVÝ SALÁT 143
68. CITRONOVĚ ČESNEKOVÉ KREVETY A SALÁT ORZO 145
69. ČESNEKOVO-HOUBOVÉ FUSILLI S HRUŠKOVÝM SALÁTEM 147
70. STŘEDOZEMNÍ ZELENINOVÝ TĚSTOVINOVÝ SALÁT 149
71. PESTO VEGGIE SPIRÁLOVÝ TĚSTOVINOVÝ SALÁT 151
72. DUHOVÝ ZELENINOVÝ TĚSTOVINOVÝ SALÁT 153
73. ASIJSKÝ SEZAMOVÝ ZELENINOVÝ NUDLOVÝ SALÁT 155
74. ŘECKÝ ZELENINOVÝ SALÁT ORZO 157
75. PEČENÁ ZELENINA A TĚSTOVINOVÝ SALÁT Z CIZRNY 159
76. ŠPENÁT A ARTYČOK STUDENÝ TĚSTOVINOVÝ SALÁT 161
77. THAJSKÝ ARAŠÍDOVÝ ZELENINOVÝ NUDLOVÝ SALÁT 163
78. CAESAR VEGGIE TĚSTOVINOVÝ SALÁT 165

79. Těstovinový salát s humrem a mangem 167
80. Středozemní těstovinový salát s krevetami Tzatziki 169
81. Těstovinový salát s krevetami a cherry rajčátky 171
82. Oříškový tuňák a těstovinový salát 174
83. Kuřecí menu a salát Farfalle 176
84. Krémový těstovinový salát Penn 178
85. Feta a salát z pečené krůty 180
86. Těstovinový salát s ořechovým kuřecím masem 182
87. Kuřecí těstovinový salát Caesar 184
88. Krůtí a brusinkový těstovinový salát 186
89. Těstovinový salát s grilovaným kuřecím masem a bylinkami 188
90. Ranč těstovinový salát s kuřecím masem a slaninou 190
91. Kuřecí na kari a těstovinový salát s mangem 192
92. Řecké kuře a salát Orzo 194
93. Těstovinový salát s kuřecím masem a černými fazolemi 196
94. Těstovinový salát s kuřecím masem na kari 198
95. Caprese Kuřecí Pesto Těstovinový salát 200
96. Asijský sezamový salát s kuřecími nudlemi 202
97. Těstovinový salát s citronem a bylinkovým krůtím a chřestem 204
98. Těstovinový salát s kuřecím a brokolicovým pestem 206
99. Buffalo kuřecí těstovinový salát 208
100. Těstovinový salát s kuřecím masem a vlašskými ořechy 210

ZÁVĚR 212

ÚVOD

Vítejte v knize "KUCHAŘKA NA SALÁTY ŘEMESLNÉ ANTIPASTO: 100 Antipasto salát Inspirace z břehů Itálie, Řecka a dále." Předkrmové saláty jsou oslavou středomořských chutí, kombinují čerstvé ingredience, zářivé barvy a výrazné chutě a vytvářejí kulinářský zážitek, který uspokojí i osvěží. V této kuchařce vás zveme, abyste se vydali na cestu po pobřežních oblastech Itálie, Řecka i mimo ni a prozkoumali bohatou tapisérii chutí, které definují toto oblíbené jídlo.

Antipasto, pocházející z italských slov „anti" (před) a „pasto" (jídlo), tradičně označuje výběr malých předkrmů podávaných před hlavním chodem. V posledních letech se však tento koncept vyvinul tak, aby zahrnoval různé saláty, které předvádějí ty nejlepší ingredience středomořské spíže. Od pikantních oliv a smetanových sýrů až po pikantní uzená masa a křupavou zeleninu, předkrmové saláty nabízejí symfonii chutí a textur, která je stejně uspokojující jako lahodná.

V této kuchařce najdete pestrou škálu inspirací předkrmových salátů, které čerpají inspiraci z kulinářských tradic Itálie, Řecka a dalších zemí. Každý recept byl pečlivě vytvořen tak, aby zdůraznil jedinečné chutě a ingredience příslušného regionu a nabídl chuť sluncem zalitých břehů a pulzujících trhů, které inspirují středomořskou kuchyni.

Ať už pořádáte letní grilovačku, chystáte se na piknik na pláž nebo prostě toužíte po lehkém a osvěžujícím jídle, recepty v této kuchařce jistě potěší vaše chuťové buňky a při každém soustu vás přenesou do dalekých krajin. Popadněte tedy zástěru a připravte se na kulinářské dobrodružství, které oslavuje umění předkrmových salátů a živé chutě Středomoří.

SALÁTY Z RYB A MOŘSKÝCH PLODŮ

1. Předkrmový salát s tuňákem

SLOŽENÍ:
- 1/2 šálku bílého jogurtu
- 1/3 šálku majonézy
- 1/4 šálku nasekané bazalky
- 1/4 lžičky pepře
- 1/2 anglické okurky
- 1 paprika
- 2 šálky cherry rajčat; poloviční
- 1 1/2 šálku perel bocconcini
- 1/2 šálku zelených oliv s pimentem
- 2 lžíce okapané a nakrájené nakládané feferonky
- 2 konzervy kousky tuňáka, okapané
- Zelený salát

INSTRUKCE:
a) Ve velké misce smíchejte jogurt, majonézu, bazalku a pepř.
b) Důkladně promíchejte.
c) Přidejte okurku, papriku, rajčata, bocconcini, olivy a feferonky.
d) Přehodit do kabátu.
e) Pomocí vidličky jemně vmíchejte tuňáka a nechte ho nakrájet na kousky.
f) Podávejte na vrchu zelí.

2. Středomořský salát s tuňákem a předkrmem

SLOŽENÍ:
- 1 plechovka fazolí (cizrna, černooký hrášek nebo fazole cannellini), propláchnuté
- 2 plechovky nebo balíčky ve vodě balený kus světlého tuňáka, okapaný a ve vločkách
- 1 velká červená paprika, nakrájená nadrobno
- 1/2 šálku jemně nakrájené červené cibule
- 1/2 šálku nasekané čerstvé petrželky, rozdělené
- 4 lžičky kapary, opláchnuté
- 1 1/2 lžičky jemně nasekaného čerstvého rozmarýnu
- 1/2 šálku citronové šťávy, rozdělené
- 4 lžíce extra panenského olivového oleje, rozdělené
- Čerstvě mletý pepř podle chuti
- 1/4 lžičky soli
- 8 šálků míchaného zeleného salátu

INSTRUKCE:
a) Ve střední misce smíchejte fazole, tuňáka, papriku, cibuli, petržel, kapary, rozmarýn, 1/4 šálku citronové šťávy a 2 lžíce oleje.
b) Dochutíme pepřem.
c) Smíchejte zbývající 1/4 šálku citronové šťávy, 2 lžíce oleje a sůl ve velké misce.
d) Přidejte zelený salát; hodit do kabátu.
e) Zeleninu rozdělte na 4 talíře a na každý položte salát s tuňákem.

3.Předkrmový salát z mořských plodů Středomoří

SLOŽENÍ:
- 1 šálek vařených a chlazených krevet, oloupaných a vydlabaných
- 1 šálek marinovaných artyčokových srdíček, nakrájených na čtvrtky
- 1/2 šálku kroužků kalamárů, uvařených a chlazených
- 1/2 šálku chobotnice, uvařené a nakrájené na kousky velikosti sousta
- 1/2 šálku cherry rajčat, napůl
- 1/4 šálku černých oliv, vypeckovaných
- 1/4 šálku zelených oliv, vypeckovaných
- 1/4 šálku pečené červené papriky, nakrájené na plátky
- 1/4 šálku na tenké plátky nakrájené červené cibule
- 2 lžíce kapar, okapaných
- Čerstvá petrželka, nasekaná (na ozdobu)
- Měsíčky citronu (k podávání)

OBVAZ:
- 1/4 šálku extra panenského olivového oleje
- 2 lžíce červeného vinného octa
- 1 lžička dijonské hořčice
- 1 stroužek česneku, nasekaný
- Sůl a pepř na dochucení
- Špetka sušeného oregana

INSTRUKCE:
a) Ve velké mixovací misce smíchejte krevety, artyčoková srdce, kalamáry, chobotnice, cherry rajčata, černé a zelené olivy, pečenou červenou papriku, červenou cibuli a kapary.
b) V malé misce smíchejte olivový olej, červený vinný ocet, dijonskou hořčici, mletý česnek, sůl, pepř a oregano, abyste vytvořili dresink.
c) Zálivku nalijte na směs mořských plodů a jemně promíchejte, aby se rovnoměrně obalila.
d) Dejte do lednice alespoň na 30 minut, aby se chutě propojily.
e) Podávejte vychlazené, ozdobené čerstvou petrželkou a doplněné kolečky citronu.

4. Italský předkrmový salát s krevetami a hřebenatky

SLOŽENÍ:
- 1 šálek vařených a chlazených krevet, oloupaných a vydlabaných
- 1 šálek vařených a chlazených mušlí, rozpůlených, pokud jsou velké
- 1 šálek na kostičky nakrájené okurky
- 1/2 šálku rozpůlených cherry rajčat
- 1/2 šálku na tenké plátky nakrájené cibule fenyklu
- 1/4 šálku nakrájených ředkviček
- 1/4 šálku červené cibule, nakrájené na tenké plátky
- Listy čerstvé bazalky, natrhané (na ozdobu)

OBVAZ:
- 1/4 šálku extra panenského olivového oleje
- 2 lžíce citronové šťávy
- 1 lžička medu
- 1 malý stroužek česneku, nasekaný
- Sůl a drcený černý pepř podle chuti
- Kůra z 1 citronu

INSTRUKCE:
a) Ve velké salátové míse smíchejte krevety, mušle, okurku, cherry rajčata, fenykl, ředkvičky a červenou cibuli.
b) V malé misce smíchejte olivový olej, citronovou šťávu, med, česnek, sůl, pepř a citronovou kůru, abyste vytvořili dresink.
c) Směs mořských plodů a zeleniny přelijte zálivkou a jemně promíchejte, aby se spojila.
d) Před podáváním necháme salát asi 20 minut vychladit v lednici.
e) Těsně před podáváním ozdobte čerstvou bazalkou.

5.Salát s uzeným lososem a avokádem

SLOŽENÍ:
- 2 šálky smíšené zeleniny (jako je rukola a špenát)
- 4 oz uzeného lososa, nakrájeného na tenké plátky
- 1 avokádo, nakrájené na plátky
- 1/2 okurky, nakrájené na stužky
- 1/4 šálku červené cibule, nakrájené na tenké plátky
- 2 lžíce kapar, okapaných
- Čerstvý kopr na ozdobu

INSTRUKCE:
a) Uspořádejte smíšenou zeleninu na talíř nebo do velké mísy jako základ vašeho salátu.
b) Navrch dejte plátky uzeného lososa, plátky avokáda, stuhy okurky, červenou cibuli a kapary.
c) V malé misce smíchejte olivový olej, citronovou šťávu, med, sůl a pepř, abyste vytvořili dresink.
d) Zálivkou pokapejte salát těsně před podáváním.
e) Ozdobte čerstvým koprem. Ihned podávejte, abyste si vychutnali čerstvé chutě.

6.Grilovaná chobotnice a bramborový předkrmový salát

SLOŽENÍ:
- 1 lb chobotnice, očištěná a předvařená do měkka
- 1 lb malých brambor, uvařených do měkka a rozpůlených
- 1/4 šálku extra panenského olivového oleje, plus navíc na grilování
- 1/2 citronu, šťáva
- 2 stroužky česneku, nasekané
- 1 lžička uzené papriky
- 1/4 šálku petrželky, nasekané
- Sůl a čerstvě mletý černý pepř podle chuti

INSTRUKCE:
a) Předehřejte gril na středně vysokou teplotu. Předvařenou chobotnici pokapejte trochou olivového oleje, osolte a opepřete.
b) Chobotnici grilujte asi 2–3 minuty z každé strany, dokud nezhnědne a nebude křupavá. Necháme mírně vychladnout a poté nakrájíme na kousky o velikosti sousta.
c) Ve velké míse smíchejte grilovanou chobotnici, vařené brambory, olivový olej, citronovou šťávu, mletý česnek, uzenou papriku a petržel. Kombinujte přehazováním.
d) Dochuťte solí a pepřem podle chuti.
e) Salát podávejte teplý nebo při pokojové teplotě, případně ozdobený petrželkou.

VEGGIE SALÁTY

7.Italská předkrmová salátová mísa

SLOŽENÍ:
- 6 uncí artyčokových srdcí
- 8-3/4 unce plechovky garbanzo fazolí, okapané
- 8-3/4 unce plechovky červených fazolí, scezených
- 6-1/2 unce může zapálit tuňáka ve vodě, okapaného a ve vločkách
- 1/2 sladké červené cibule, nakrájené na tenké plátky
- 3 lžíce zálivky na italský salát
- 1/2 šálku celeru, nakrájeného na tenké plátky
- 6 šálků míchaného salátu
- 2 unce ančovičky, scezené
- 3 unce suchého salámu nakrájeného na tenké proužky
- 2 unce sýra Fontina, nakrájeného na kostky
- Nakládané červené a zelené papriky na ozdobu

INSTRUKCE:
a) Smíchejte artyčok a marinádu s fazolemi, tuňákem, cibulí a 2 lžícemi zálivky.
b) Přikryjte a dejte do chladničky na 1 hodinu nebo déle, aby se chutě propojily.
c) Ve velké salátové míse lehce promíchejte marinovanou směs s celerem a zeleninovým salátem.
d) Pokud je potřeba, vmíchejte ještě trochu zálivky.
e) Navrch naaranžujte ančovičky, salám a sýr, poté ozdobte paprikou. Ihned podávejte.

8. Předkrmový salát z grilované zeleniny

SLOŽENÍ:
- 2 střední cukety, nakrájené podélně na plátky
- 2 papriky (různé barvy), rozpůlené a zbavené semínek
- 1 velký lilek, nakrájený na kolečka
- 1 červená cibule, nakrájená na silné kroužky
- 1 šálek cherry rajčat
- 1/4 šálku čerstvých lístků bazalky, natrhané
- 1/4 šálku oliv Kalamata, vypeckovaných a rozpůlených
- 2 lžíce kapar, okapaných
- Sůl a černý pepř podle chuti
- Extra panenský olivový olej, na grilování

OBVAZ:
- 1/4 šálku extra panenského olivového oleje
- 2 lžíce balzamikového octa
- 1 stroužek česneku, nasekaný
- 1 lžička dijonské hořčice
- Sůl a čerstvě mletý černý pepř podle chuti

INSTRUKCE:
a) Předehřejte gril na středně vysokou teplotu.
b) Zeleninu potřete olivovým olejem a dochuťte solí a pepřem.
c) Zeleninu grilujte, dokud nebude měkká a lehce opálená, asi 4–5 minut z každé strany u cukety, papriky a lilku a asi 2–3 minuty u cibulových kroužků.
d) Vyjměte zeleninu z grilu a nechte ji mírně vychladnout. Poté je nakrájejte na kousky o velikosti sousta.
e) Ve velké míse smíchejte grilovanou zeleninu, cherry rajčata, natrhané lístky bazalky, olivy a kapary.
f) V malé misce smíchejte olivový olej, balzamikový ocet, mletý česnek, dijonskou hořčici, sůl a pepř, abyste vytvořili dresink.
g) Zálivkou přelijte salát a jemně promíchejte, aby se obalil.
h) Podávejte při pokojové teplotě nebo vychlazené, podle potřeby ozdobené dalšími lístky bazalky.

9. Předkrmový salát z čerstvé zahrady

SLOŽENÍ:

- 2 šálky míchaného zeleného salátu (jako je rukola, špenát a hlávkový salát)
- 1 šálek cherry rajčat, napůl
- 1 šálek okurky, nakrájené na kostičky
- 1 šálek papriky (různé barvy), nakrájené na kostičky
- 1/2 šálku červené cibule, nakrájené na tenké plátky
- 1/4 šálku vypeckovaných zelených oliv, rozpůlených
- 1/4 šálku rozdrobeného sýra feta
- 2 lžíce nasekané čerstvé bazalky
- Sůl a černý pepř podle chuti

INSTRUKCE:

a) Ve velké salátové míse smíchejte míchaný salát, cherry rajčátka, nakrájenou okurku, nakrájenou papriku, na tenké plátky nakrájenou červenou cibuli a rozpůlené zelené olivy.
b) Salát posypeme rozdrobeným sýrem feta.
c) Navrch přidáme nakrájenou čerstvou bazalku.
d) Dochuťte solí a černým pepřem podle chuti.
e) Jemně promíchejte, aby se všechny ingredience spojily a rovnoměrně rozložily chutě.
f) Ihned podávejte jako osvěžující a živý předkrm nebo přílohu. Užijte si svěží chuť zahrady v každém soustu!

10. Předkrmový salát inspirovaný Řeckem

SLOŽENÍ:
- 1 šálek cherry rajčat, napůl
- 1 okurka, nakrájená na kostičky
- 1 paprika (libovolná barva), nakrájená na kostičky
- 1 šálek oliv Kalamata, vypeckovaných
- 1/2 šálku červené cibule, nakrájené na tenké plátky
- 1 šálek sýra feta, rozdrobený
- 1/4 šálku čerstvé petrželky, nasekané
- 1/4 šálku extra panenského olivového oleje
- 2 lžíce červeného vinného octa
- 1 lžička sušeného oregana
- Sůl a pepř na dochucení

INSTRUKCE:
a) Ve velké misce smíchejte cherry rajčata, okurku, papriku, olivy, červenou cibuli, sýr feta a petržel.
b) V malé misce smíchejte olivový olej, červený vinný ocet, sušené oregano, sůl a pepř, abyste vytvořili dresink.
c) Zálivkou přelijte salát a jemně promíchejte, aby se obalil.
d) Ihned podávejte nebo nechte asi 30 minut vychladit v lednici, aby se chutě propojily.

11. Předkrmový salát Caprese

SLOŽENÍ:
- 2 šálky cherry rajčat, rozpůlené
- 2 šálky mini mozzarelly (bocconcini)
- 1/4 šálku čerstvých lístků bazalky, natrhané
- 2 lžíce extra panenského olivového oleje
- 1 lžíce balzamikového octa
- Sůl a pepř na dochucení

INSTRUKCE:
a) Ve velké míse smíchejte cherry rajčata, mini mozzarella kuličky a natrhané lístky bazalky.
b) Salát pokapejte olivovým olejem a balzamikovým octem.
c) Dochuťte solí a pepřem podle chuti.
d) Jemně promíchejte, aby se spojily.
e) Ihned podávejte, nebo před podáváním chlaďte až 30 minut, aby se chutě propojily.

SALÁTY Z UZENÝCH MAS

12. Toskánský předkrmový salát

SLOŽENÍ:
- Prosciutto
- Salám
- Marinované artyčokové srdce
- Olivy (zelené a černé)
- Sušená rajčata
- Kuličky čerstvé mozzarelly
- Plátky grilovaného chleba

INSTRUKCE:
a) Uspořádejte všechny ingredience na velký talíř.
b) Podáváme s plátky grilovaného chleba.
c) Pokapejte extra panenským olivovým olejem a posypte čerstvými bylinkami pro extra chuť.

13. Párty předkrmový salát

SLOŽENÍ:

- 1 plechovka (16 uncí) artyčoková srdce; odvodněný/půlen
- 1 libra Mražená růžičková kapusta
- ¾ liber cherry rajčat
- 1 sklenice (5 3/4 oz.) zelených španělských oliv; vyčerpaný
- 1 sklenice (12 uncí) feferonky; vyčerpaný
- 1 libra Čerstvé houby; vyčištěno
- 1 plechovka (16 uncí) palmové srdce; volitelný
- 1 libra Pepperoni nebo salám; krychlový
- 1 sklenice (16 oz.) černých oliv; vyčerpaný
- ¼ šálku ocet z červeného vína
- ¾ šálku Olivový olej
- ½ lžičky Cukr
- 1 lžička dijonská hořčice
- Sůl; ochutnat
- Čerstvě mletý pepř; ochutnat

POKYNY :
a) Před přidáním vinaigrette smíchejte všechny ingredience.
b) Dejte na 24 hodin do lednice.

14. Předkrmová sýrová deska

SLOŽENÍ:
- Různé uzeniny (jako je prosciutto, salám nebo capicola)
- Různé sýry (jako je mozzarella, provolone nebo Asiago)
- Marinované artyčokové srdce
- Marinované olivy
- Pečená červená paprika
- Grilovaná nebo marinovaná zelenina (jako je cuketa nebo lilek)
- Rozmanitý chléb nebo tyčinky
- Balzamiková glazura nebo redukce na pokapání
- Čerstvá bazalka nebo petržel na ozdobu

INSTRUKCE:
a) Uspořádejte různé uzené maso na velkou servírovací desku nebo talíř.
b) Položte různé sýry vedle masa.
c) Na desku přidejte marinovaná artyčoková srdce, marinované olivy a pečenou červenou papriku.
d) Přidejte grilovanou nebo marinovanou zeleninu pro větší chuť a rozmanitost.
e) Poskytněte hostům rozmanitý chléb nebo tyčinky, které si mohou vychutnat s masem a sýry.
f) Suroviny pokapejte balzamikovou polevou nebo redukcí pro pikantní a sladký nádech.
g) Pro větší svěžest a vizuální přitažlivost ozdobte čerstvou bazalkou nebo petrželkou.
h) Podávejte a užívejte si!

15.Předkrmový Wonton salát

SLOŽENÍ:
- 4 šálky smíšené zeleniny
- 1/4 šálku nakrájeného salámu
- 1/4 šálku nakrájené feferonky
- 1/4 šálku nakrájeného sýra provolone
- 1/4 šálku nakrájené pečené červené papriky
- 8 wonton obalů, smažených a nakrájených

OBVAZ:
- 2 lžíce červeného vinného octa
- 1 lžíce olivového oleje
- 1 stroužek česneku, nasekaný
- Sůl a pepř na dochucení

INSTRUKCE:
a) Ve velké míse smíchejte míchanou zeleninu, nakrájený salám, nakrájenou feferonku, nakrájený sýr provolone a nakrájenou pečenou červenou papriku.
b) V malé misce smíchejte červený vinný ocet, olivový olej, mletý česnek, sůl a pepř, abyste vytvořili dresink.
c) Zálivkou přelijte salát a promíchejte, aby se spojil.
d) Navrch dejte nakrájené smažené wontony.
e) Ihned podávejte.

16.Španělský chorizo a salát Manchego Antipasto

SLOŽENÍ:
- 4 šálky míchaného zeleného salátu (jako je baby špenát a rukola)
- 1 šálek cherry rajčat, napůl
- 1/2 šálku nakrájené pečené červené papriky
- 1/4 šálku nakrájených španělských oliv
- 1/4 šálku na tenké plátky nakrájené červené cibule
- 4 oz na tenké plátky nakrájené španělské chorizo
- 4 unce na tenké plátky nakrájeného sýra Manchego
- 1/4 šálku pražených mandlí
- Sůl a černý pepř podle chuti

OBVAZ:
- 1/4 šálku extra panenského olivového oleje
- 2 lžíce sherry octa
- 1 lžička medu
- 1 stroužek česneku, nasekaný
- Sůl a čerstvě mletý černý pepř podle chuti

INSTRUKCE:
a) Ve velké salátové míse smíchejte míchaný salát, cherry rajčata, pečenou červenou papriku, španělské olivy a na tenké plátky nakrájenou červenou cibuli.
b) Na salát položte na tenké plátky nakrájené španělské chorizo a sýr Manchego.
c) Salát posypeme praženými mandlemi.
d) V malé misce prošlehejte olivový olej, sherry ocet, med, mletý česnek, sůl a pepř a vytvořte dresink.
e) Zálivkou pokapejte salát těsně před podáváním.
f) Jemně promícháme, aby se všechny ingredience obalily dresinkem.
g) Okamžitě podávejte jako španělsky inspirovaný antipasto salát s nádhernou směsí chutí.

17.Francouzský salát s uzeninami Antipasto

SLOŽENÍ:
- 4 šálky míchaného zeleného salátu (jako je frisée a mâche)
- 1 šálek hroznových rajčat, rozpůlených
- 1/2 šálku marinovaných artyčokových srdíček, nakrájených na čtvrtky
- 1/4 šálku oliv Niçoise
- 1/4 šálku na tenké plátky nakrájené červené cibule
- 4 oz na tenké plátky nakrájené francouzské šunky (jambon)
- 4 oz na tenké plátky nakrájené saucisson sec (suchá klobása)
- 1/4 šálku rozdrobeného kozího sýra
- Sůl a černý pepř podle chuti

OBVAZ:
- 1/4 šálku extra panenského olivového oleje
- 2 lžíce červeného vinného octa
- 1 lžička dijonské hořčice
- 1 šalotka, mletá
- Sůl a čerstvě mletý černý pepř podle chuti

INSTRUKCE:
a) Ve velké salátové míse smíchejte míchaný salát, hroznová rajčata, marinovaná artyčoková srdíčka, olivy Niçoise a na tenké plátky nakrájenou červenou cibuli.
b) Na salát položte na tenké plátky nakrájenou francouzskou šunku a saucisson sec.
c) Salát posypeme rozdrobeným kozím sýrem.
d) V malé misce smíchejte olivový olej, červený vinný ocet, dijonskou hořčici, mletou šalotku, sůl a pepř, abyste vytvořili dresink.
e) Zálivkou pokapejte salát těsně před podáváním.
f) Jemně promícháme, aby se všechny ingredience obalily dresinkem.
g) Okamžitě podávejte jako předkrmový salát inspirovaný francouzštinou se sofistikovanou řadou chutí.

18. Předkrmový salát s uzeným masem inspirovaný Řeckem

SLOŽENÍ:
- 4 šálky míchaného zeleného salátu (jako je římský a ledový salát)
- 1 šálek cherry rajčat, napůl
- 1/2 šálku okurky, nakrájené na kostičky
- 1/2 šálku červené papriky, nakrájené na kostičky
- 1/4 šálku červené cibule, nakrájené na tenké plátky
- 1/4 šálku oliv Kalamata, bez pecek
- 4 unce na tenké plátky nakrájeného řeckého salámu
- 4 oz na tenké plátky nakrájené gyro maso nebo grilované kuřecí nudličky
- 1/4 šálku rozdrobeného sýra feta
- Sůl a černý pepř podle chuti

OBVAZ:
- 1/4 šálku extra panenského olivového oleje
- 2 lžíce červeného vinného octa
- 1 lžička sušeného oregana
- 1 stroužek česneku, nasekaný
- Sůl a čerstvě mletý černý pepř podle chuti

INSTRUKCE:
a) Ve velké salátové míse smíchejte míchaný salát, cherry rajčata, nakrájenou okurku, nakrájenou červenou papriku, na tenké plátky nakrájenou červenou cibuli a olivy Kalamata.
b) Na salát položte na tenké plátky nakrájený řecký salám a gyro maso nebo grilované kuřecí nudličky.
c) Salát posypeme rozdrobeným sýrem feta.
d) V malé misce smíchejte olivový olej, červený vinný ocet, sušené oregano, mletý česnek, sůl a pepř, abyste vytvořili dresink.
e) Zálivkou pokapejte salát těsně před podáváním.
f) Jemně promícháme, aby se všechny ingredience obalily dresinkem.
g) Okamžitě podávejte jako řecky inspirovaný antipasto salát s výraznou chutí a středomořským nádechem.

19.Rustikální uzeniny Antipasto salát

SLOŽENÍ:
- 4 šálky míchaného zeleného salátu (jako je mesclun mix nebo baby kapusta)
- 1 šálek dědictví cherry rajčat, rozpůlený
- 1/2 šálku marinovaných artyčokových srdíček, nakrájených na čtvrtky
- 1/4 šálku vypeckovaných smíšených oliv (jako jsou zelené, černé a Kalamata)
- 1/4 šálku nakrájené pečené červené papriky
- 4 unce na tenké plátky nakrájené coppy nebo capicoly
- 4 unce na tenké plátky nakrájené soppressata nebo feferonky
- 1/4 šálku strouhaného parmazánu
- Sůl a černý pepř podle chuti

OBVAZ:
- 1/4 šálku extra panenského olivového oleje
- 2 lžíce balzamikového octa
- 1 lžička medu
- 1 lžička dijonské hořčice
- Sůl a čerstvě mletý černý pepř podle chuti

INSTRUKCE:
a) Ve velké salátové míse smíchejte míchaný salát, cherry rajčata, marinovaná artyčoková srdce, míchané olivy a nakrájené pečené červené papriky.
b) Na salát položte na tenké plátky nakrájenou kopu nebo capicolu a soppressatu nebo feferonky.
c) Salát posypeme strouhaným parmazánem.
d) V malé misce prošlehejte olivový olej, balzamikový ocet, med, dijonskou hořčici, sůl a pepř a vytvořte dresink.
e) Zálivkou pokapejte salát těsně před podáváním.
f) Jemně promícháme, aby se všechny ingredience obalily dresinkem.
g) Okamžitě podávejte jako rustikální uzenářský antipasto salát s robustní chutí a nádechem sladkosti z dresinku.

20. Předkrmový salát s prosciuttem obaleným melounem

SLOŽENÍ:
- 4 šálky míchaného zeleného salátu (jako je máslový salát a baby špenát)
- 1 šálek kuliček melounu nebo medového melounu
- 1/2 šálku cherry rajčat, napůl
- 1/4 šálku na tenké plátky nakrájené červené cibule
- 1/4 šálku marinovaných artyčokových srdíček, nakrájených na čtvrtky
- 1/4 šálku vypeckovaných černých oliv
- 4 oz na tenké plátky nakrájeného prosciutta
- 1/4 šálku rozdrobeného kozího sýra
- Sůl a černý pepř podle chuti

OBVAZ:
- 1/4 šálku extra panenského olivového oleje
- 2 lžíce bílého balzamikového octa
- 1 lžička medu
- 1 lžička dijonské hořčice
- Sůl a čerstvě mletý černý pepř podle chuti

INSTRUKCE:
a) Ve velké salátové míse smíchejte míchaný salát, kuličky melounu nebo medového melounu, cherry rajčata, na tenké plátky nakrájenou červenou cibuli, marinovaná artyčoková srdíčka a vypeckované černé olivy.
b) Každou kuličku melounu obalíme plátkem prosciutta.
c) Na salát naaranžujte kuličky melounu obalené v prosciuttu.
d) Salát posypeme rozdrobeným kozím sýrem.
e) V malé misce prošlehejte olivový olej, bílý balzamikový ocet, med, dijonskou hořčici, sůl a pepř a vytvořte dresink.
f) Zálivkou pokapejte salát těsně před podáváním.
g) Jemně promícháme, aby se všechny ingredience obalily dresinkem.
h) Ihned podávejte jako elegantní předkrmový salát s lahodnou kombinací sladkých a slaných chutí.

TĚSTOVÉ SALÁTY

21. Omáčkový salát Cheddar Fusilli

SLOŽENÍ:
- 2 polévkové lžíce olivového oleje
- 6 zelených cibulí, nakrájených
- 1 lžička soli
- 3/4 šálku nakrájených nakládaných papriček jalapeno
- 1 (16 oz.) balíček těstovin fusilli
- 1 (2,25 oz.) může nakrájet černé olivy
- 2 lb extra libové mleté hovězí maso
- 1 (1,25 oz.) balení taco kořenící směsi
- 1 (8 oz.) balení strouhaného sýra Cheddar
- 1 (24 oz.) sklenice jemná salsa
- 1 (8 oz.) láhev rančového dresinku
- 1 1/2 červené papriky, nakrájené

INSTRUKCE:
a) Umístěte velký hrnec na střední teplotu. Naplňte ji vodou a vmíchejte do ní olivový olej se solí.
b) Vařte, dokud se nezačne vařit.
c) Přidejte těstoviny a vařte je 10 minut. Vyjměte ji z vody a dejte stranou, aby odkapala.
d) Umístěte velkou pánev na střední teplotu. Opékáme v něm hovězí maso 12 min. Přebytečný tuk zlikvidujte.
e) Přidejte taco koření a dobře je promíchejte. Směs dejte stranou, aby úplně ztratila teplo.
f) Získejte velkou mísu: Smíchejte v ní salsu, ranč dresink, papriku, zelenou cibuli, jalapeňos a černé olivy.
g) Přidejte těstoviny s vařeným hovězím masem, sýrem čedar a směsí dresinků. Dobře je promíchejte. Na salátovou mísu položte kousek plastového obalu. Dejte do lednice na 1 h 15 min.

22. Italský studený těstovinový salát se salámem

SLOŽENÍ:

- 2 šálky těstovin rotini, uvařené a vychladlé
- 1/2 lb salám, nakrájený na plátky a nakrájený na kousky velikosti sousta
- 1 šálek cherry rajčat, napůl
- 1/2 šálku kuliček mozzarelly (bocconcini)
- 1/4 šálku černých oliv, nakrájených na plátky
- 1/4 šálku červené cibule, jemně nakrájené
- 1/4 šálku čerstvé bazalky, nasekané
- 3 lžíce extra panenského olivového oleje
- 2 lžíce červeného vinného octa
- Sůl a pepř na dochucení

INSTRUKCE:

a) Ve velké míse smíchejte těstoviny, salám, cherry rajčata, kuličky mozzarelly, černé olivy, červenou cibuli a čerstvou bazalku.
b) V malé misce smíchejte olivový olej, červený vinný ocet, sůl a pepř.
c) Nalijte zálivku na těstovinovou směs a míchejte, dokud nebude dobře obalená.
d) Před podáváním dejte alespoň na 1 hodinu do lednice.

23. Studený těstovinový salát z Turecka a brusinek

SLOŽENÍ:
- 2 šálky těstovin fusilli nebo farfalle, uvařených a chlazených
- 1/2 lb krůtí prsa, vařené a nakrájené na kostičky
- 1/2 šálku sušených brusinek
- 1/4 šálku pekanových ořechů, nakrájených a opečených
- 1/2 šálku celeru, jemně nakrájeného
- 1/4 šálku červené cibule, jemně nakrájené
- 1/3 šálku majonézy
- 2 lžíce dijonské hořčice
- Sůl a pepř na dochucení

INSTRUKCE:
a) Ve velké míse smíchejte těstoviny, krůtí maso nakrájené na kostičky, sušené brusinky, pekanové ořechy, celer a červenou cibuli.
b) V malé misce smíchejte majonézu, dijonskou hořčici, sůl a pepř.
c) Nalijte zálivku na těstovinovou směs a míchejte, dokud nebude dobře obalená.
d) Před podáváním dejte alespoň na 1 hodinu do lednice.

24. Studený těstovinový salát se šunkou a čedarem

SLOŽENÍ:
- 2 šálky loketních makaronů, uvařených a chlazených
- 1/2 lb šunky, nakrájené na kostičky
- 1 šálek sýra čedar, nakrájený na kostky
- 1/2 šálku cherry rajčat, napůl
- 1/4 šálku červené papriky, nakrájené na kostičky
- 1/4 šálku zelené cibule, nakrájené
- 1/3 šálku majonézy
- 2 lžíce zakysané smetany
- 1 lžíce dijonské hořčice
- Sůl a pepř na dochucení

INSTRUKCE:
a) Ve velké misce smíchejte těstoviny, nakrájenou šunku, sýr čedar, cherry rajčata, červenou papriku a zelenou cibulku.
b) V malé misce smíchejte majonézu, zakysanou smetanu, dijonskou hořčici, sůl a pepř.
c) Nalijte zálivku na těstovinovou směs a míchejte, dokud nebude dobře obalená.
d) Před podáváním dejte alespoň na 1 hodinu do lednice.

25. Kuřecí Caesar Studený těstovinový salát

SLOŽENÍ:
- 2 šálky těstovin penne, uvařené a vychladlé
- 1 lb grilovaných kuřecích prsou, nakrájených na plátky
- 1/2 šálku cherry rajčat, napůl
- 1/4 šálku černých oliv, nakrájených na plátky
- 1/4 šálku strouhaného parmazánu
- 1/4 šálku krutonů, drcených
- 1/2 šálku dresinku Caesar
- Čerstvá petrželka na ozdobu
- Sůl a pepř na dochucení

INSTRUKCE:
a) Ve velké míse smíchejte těstoviny, grilované kuře, cherry rajčata, černé olivy, parmazán a drcené krutony.
b) Přidejte dresink Caesar a míchejte, dokud se dobře nepromíchá.
c) Ozdobte čerstvou petrželkou.
d) Před podáváním dejte alespoň na 1 hodinu do lednice.

26. Řecký těstovinový salát Orzo s gyro masem

SLOŽENÍ:
- 2 šálky těstovin orzo, uvařené a chlazené
- 1/2 lb gyro masa, nakrájené na plátky
- 1 šálek okurky, nakrájené na kostičky
- 1/2 šálku cherry rajčat, napůl
- 1/4 šálku červené cibule, jemně nakrájené
- 1/3 šálku oliv Kalamata, nakrájené na plátky
- 1/2 šálku sýra feta, rozdrobený
- 3 lžíce řeckého dresingu
- Čerstvé oregano na ozdobu
- Sůl a pepř na dochucení

INSTRUKCE:
a) Ve velké misce smíchejte orzo těstoviny, nakrájené gyro maso, okurku, cherry rajčata, červenou cibuli, olivy Kalamata a sýr feta.
b) Přidejte řecký dresink a míchejte, dokud se dobře nepromíchá.
c) Ozdobte čerstvým oreganem.
d) Před podáváním dejte alespoň na 1 hodinu do lednice.

27.Pečené hovězí a těstovinový salát s čedarem

SLOŽENÍ:
- 2 šálky těstovin fusilli, uvařené a vychladlé
- 1/2 lb hovězí pečeně, nakrájené na tenké plátky a nakrájené na nudličky
- 1/2 šálku sýra čedar, nakrájeného na kostky
- 1/4 šálku červené papriky, nakrájené na kostičky
- 1/4 šálku zelené papriky, nakrájené na kostičky
- 1/4 šálku červené cibule, jemně nakrájené
- 1/3 šálku krémového křenového dresinku
- Sůl a pepř na dochucení

INSTRUKCE:
a) Ve velké misce smíchejte těstoviny, hovězí pečeně, sýr čedar, červenou papriku, zelenou papriku a červenou cibuli.
b) Přidejte smetanový křenový dresink a míchejte, dokud nebude dobře obalený.
c) Dochuťte solí a pepřem podle chuti.
d) Před podáváním dejte alespoň na 1 hodinu do lednice.

28. Bacon Ranch Studený kuřecí těstovinový salát

SLOŽENÍ:
- 2 šálky těstovin rotini, uvařené a vychladlé
- 1 lb vařených kuřecích prsou, nakrájených na kostičky
- 1/2 šálku slaniny, vařené a rozdrobené
- 1/2 šálku cherry rajčat, napůl
- 1/4 šálku červené cibule, jemně nakrájené
- 1/2 šálku sýra čedar, nastrouhaného
- 1/3 šálku rančového dresinku
- Čerstvá pažitka na ozdobu
- Sůl a pepř na dochucení

INSTRUKCE:
a) Ve velké míse smíchejte těstoviny, nakrájené kuřecí maso, slaninu, cherry rajčata, červenou cibuli a sýr čedar.
b) Přidejte rančový dresink a míchejte, dokud se dobře nepromíchá.
c) Ozdobte čerstvou pažitkou.
d) Před podáváním dejte alespoň na 1 hodinu do lednice.

29. Italský předkrmový těstovinový salát

SLOŽENÍ:
- 2 šálky motýlkových těstovin, uvařených a vychladlých
- 1/2 lb salám, nakrájený a nakrájený na nudličky
- 1/2 šálku sýra provolone, nakrájeného na kostky
- 1/4 šálku černých oliv, nakrájených na plátky
- 1/4 šálku zelených oliv, nakrájených na plátky
- 1/4 šálku pečené červené papriky, nakrájené
- 1/4 šálku artyčokových srdíček, nakrájených
- 1/3 šálku italského dresingu
- Čerstvá bazalka na ozdobu
- Sůl a pepř na dochucení

INSTRUKCE:
a) Ve velké míse smíchejte těstoviny, salám, sýr provolone, černé olivy, zelené olivy, pečenou červenou papriku a artyčoková srdce.
b) Přidejte italský dresink a míchejte, dokud nebude dobře obalený.
c) Ozdobte čerstvou bazalkou.
d) Před podáváním dejte alespoň na 1 hodinu do lednice.

30. Uzené krůtí a těstovinový salát s avokádem

SLOŽENÍ:
- 2 šálky těstovin penne, uvařené a vychladlé
- 1/2 lb uzené krůty, nakrájené na kostičky
- 1 avokádo, nakrájené na kostičky
- 1/2 šálku cherry rajčat, napůl
- 1/4 šálku červené cibule, jemně nakrájené
- 1/4 šálku sýra feta, rozdrobený
- 2 lžíce čerstvého koriandru, nasekaného
- Šťáva ze 2 limetek
- 3 lžíce olivového oleje
- Sůl a pepř na dochucení

INSTRUKCE:
a) Ve velké míse smíchejte těstoviny, nakrájené uzené krůtí maso, nakrájené avokádo, cherry rajčata, červenou cibuli, sýr feta a koriandr.
b) Pokapejte limetkovou šťávou a olivovým olejem.
c) Míchejte, dokud se dobře nespojí.
d) Dochuťte solí a pepřem podle chuti.
e) Před podáváním dejte alespoň na 1 hodinu do lednice.

31. Grilovaná klobása a zeleninový těstovinový salát

SLOŽENÍ:
- 2 šálky těstovin rotini, uvařené a vychladlé
- 1/2 lb grilovaná klobása, nakrájená na plátky
- 1 šálek cukety, nakrájené na kostičky
- 1 šálek cherry rajčat, napůl
- 1/2 šálku červené papriky, nakrájené na kostičky
- 1/4 šálku červené cibule, jemně nakrájené
- 1/3 šálku balzamikového vinaigrettu
- Čerstvá bazalka na ozdobu
- Sůl a pepř na dochucení

INSTRUKCE:
a) Ve velké misce smíchejte těstoviny, grilovanou klobásu, cuketu, cherry rajčata, červenou papriku a červenou cibuli.
b) Přidejte balsamikový vinaigrette a míchejte, dokud nebude dobře obalený.
c) Ozdobte čerstvou bazalkou.
d) Dochuťte solí a pepřem podle chuti.
e) Před podáváním dejte alespoň na 1 hodinu do lednice.

32. Studený těstovinový salát s krevetami a avokádem

SLOŽENÍ:
- 2 šálky těstovin rotini, uvařené a vychladlé
- 1/2 lb vařené krevety, oloupané a zbavené
- 1 avokádo, nakrájené na kostičky
- 1/2 šálku cherry rajčat, napůl
- 1/4 šálku červené cibule, jemně nakrájené
- 1/4 šálku okurky, nakrájené na kostičky
- 2 lžíce čerstvého koriandru, nasekaného
- Šťáva ze 2 limetek
- 3 lžíce olivového oleje
- Sůl a pepř na dochucení

INSTRUKCE:
a) Ve velké misce smíchejte těstoviny, vařené krevety, nakrájené avokádo, cherry rajčata, červenou cibuli, okurku a koriandr.
b) Pokapejte limetkovou šťávou a olivovým olejem.
c) Míchejte, dokud se dobře nespojí.
d) Dochuťte solí a pepřem podle chuti.
e) Před podáváním dejte alespoň na 1 hodinu do lednice.

33. Pastrami a švýcarský studený těstovinový salát

SLOŽENÍ:

- 2 šálky těstovin penne, uvařené a vychladlé
- 1/2 lb pastrami, nakrájené na plátky a nakrájené na proužky
- 1/2 šálku švýcarského sýra, nakrájeného na kostky
- 1/4 šálku koprové okurky, nasekané
- 1/4 šálku červené cibule, jemně nakrájené
- 1/3 šálku majonézy
- 2 lžíce dijonské hořčice
- Sůl a pepř na dochucení

INSTRUKCE:

a) Ve velké misce smíchejte těstoviny, pastrami, švýcarský sýr, koprovou okurku a červenou cibuli.
b) V malé misce smíchejte majonézu, dijonskou hořčici, sůl a pepř.
c) Nalijte zálivku na těstovinovou směs a míchejte, dokud nebude dobře obalená.
d) Před podáváním dejte alespoň na 1 hodinu do lednice.

34. Studený těstovinový salát s tuňákem a bílými fazolemi

SLOŽENÍ:
- 2 šálky těstovin fusilli, uvařené a vychladlé
- 1 plechovka (15 uncí) bílých fazolí, scezená a propláchnutá
- 1 plechovka (5 oz) tuňáka, okapaná a ve vločkách
- 1/2 šálku cherry rajčat, napůl
- 1/4 šálku červené cibule, jemně nakrájené
- 1/4 šálku černých oliv, nakrájených na plátky
- 2 lžíce čerstvé petrželky, nasekané
- 3 lžíce červeného vinného octa
- 2 lžíce olivového oleje
- Sůl a pepř na dochucení

INSTRUKCE:
a) Ve velké misce smíchejte těstoviny, bílé fazole, tuňáka, cherry rajčata, červenou cibuli, černé olivy a petržel.
b) V malé misce smíchejte červený vinný ocet, olivový olej, sůl a pepř.
c) Nalijte zálivku na těstovinovou směs a míchejte, dokud nebude dobře obalená.
d) Před podáváním dejte alespoň na 1 hodinu do lednice.

35.B BQ těstovinový salát s kuřecím masem a kukuřicí

SLOŽENÍ:
- 2 šálky motýlkových těstovin, uvařených a vychladlých
- 1 lb grilovaných kuřecích prsou, nakrájených na kostičky
- 1 šálek kukuřičných zrn, vařených (čerstvých nebo mražených)
- 8 proužků upečené slaniny
- 1/4 šálku červené cibule, jemně nakrájené
- 1/4 šálku koriandru, nasekaného
- 1/3 šálku barbecue omáčky
- 2 lžíce majonézy
- Sůl a pepř na dochucení

INSTRUKCE:
a) Ve velké misce smíchejte těstoviny, nakrájené grilované kuře, kukuřici, slaninu, červenou cibuli a koriandr.
b) V malé misce smíchejte barbecue omáčku a majonézu.
c) Nalijte zálivku na těstovinovou směs a míchejte, dokud nebude dobře obalená.
d) Dochuťte solí a pepřem podle chuti.
e) Před podáváním dejte alespoň na 1 hodinu do lednice.

36.Italská klobása a těstovinový salát s paprikou

SLOŽENÍ:
- 2 šálky těstovin rotini, uvařené a vychladlé
- 1/2 lb italské klobásy, grilované a nakrájené na plátky
- 1/2 šálku papriky (různé barvy), nakrájené na plátky
- 1/4 šálku červené cibule, jemně nakrájené
- 1/4 šálku černých oliv, nakrájených na plátky
- 1/3 šálku italského dresingu
- Čerstvá bazalka na ozdobu
- Sůl a pepř na dochucení

INSTRUKCE:
a) Ve velké misce smíchejte těstoviny, grilovanou italskou klobásu, papriku, červenou cibuli a černé olivy.
b) Přidejte italský dresink a míchejte, dokud se dobře nepromíchá.
c) Ozdobte čerstvou bazalkou.
d) Dochuťte solí a pepřem podle chuti.
e) Před podáváním dejte alespoň na 1 hodinu do lednice.

37. Copycat Ruby Tuesday Těstovinový salát

SLOŽENÍ:
- 10 uncí mraženého hrášku
- 1 libra rotini nudlí
- ¼ šálku podmáslí
- 2 lžíce rančového koření
- ½ lžičky česnekové soli
- ½ lžičky černého pepře
- Parmazán, na ozdobu
- 2 šálky majonézy
- 8 uncí šunky, nakrájené na kostičky

INSTRUKCE
TĚSTOVINOVÝ SALÁT
a) Připravte rotini nudle podle pokynů na krabičce.
b) Chcete-li proces vaření zastavit, důkladně sceďte a opláchněte studenou vodou.
c) Po opláchnutí se ujistěte, že velmi dobře odtéká.

OBVAZ
d) Smíchejte majonézu, podmáslí, ranč koření, česnekovou sůl a černý pepř.

SESTAVIT
e) Smíchejte těstoviny, šunku a mražený hrášek v servírovací misce.
f) Přidejte dresink a míchejte, dokud nebude rovnoměrně rozprostřen.
g) Dejte do lednice alespoň na hodinu, aby se chutě propojily.
h) Před podáváním důkladně promíchejte se strouhaným parmazánem navrchu.

38. Sýrový salát Pepperoni Rotini

SLOŽENÍ:
- 1 (16 oz.) balení tříbarevných rotini těstovin
- 1 (8 oz.) balení sýra mozzarella
- 1/4 lb nakrájená feferonková klobása
- 1 šálek růžičky čerstvé brokolice
- 1 (16 oz.) láhev salátu v italském stylu
- 1 (6 oz.) plechovka černých oliv, okapané
- obvaz

INSTRUKCE:
a) Těstoviny uvaříme podle návodu na obalu.
b) Získejte velkou mixovací nádobu: Vhoďte do ní těstoviny, feferonky, brokolici, olivy, sýr a dresink.
c) Salát dochutíme a dáme na 1 h 10 min do lednice. Podávejte.

39. Těstovinový salát Gorgonzola

SLOŽENÍ:
- 1 (16 oz.) balíček těstovin penne
- 1/2 šálku řepkového oleje
- 2 lžíce řepkového oleje
- 1/4 šálku oleje z vlašských ořechů
- 2 C. čerstvý špenát - opláchněte, osušte a natrhejte na kousky
- 1/3 šálku šampaňského octa
- 2 lžíce medu
- 1 malá zelená paprika, nakrájená na 1 palcové kousky
- 2 C. rozdrobený sýr Gorgonzola
- 1 C. nasekané vlašské ořechy
- 1 malá červená paprika, nakrájená na 1 palcové kousky
- 1 malá žlutá paprika, nakrájená na 1 palcové kousky

INSTRUKCE:
a) Těstoviny uvaříme podle návodu na obalu.
b) Umístěte velkou pánev na střední teplotu. Špenát v něm vařte s trochou vody 2 až 3 minuty nebo dokud nezvadne.
c) Získejte velkou mixovací nádobu: Vhoďte do ní špenát, zelenou papriku, červenou papriku, žlutou papriku a vychlazené těstoviny.
d) Získejte malou mísu: Smíchejte v ní 1/2 šálku řepkového oleje, olej z vlašských ořechů, ocet a med. Dobře je promíchejte.
e) Těstovinový salát pokapeme zálivkou. Posypte vlašskými ořechy a sýrem gorgonzola a poté podávejte.

40. Těstovinový salát Romano Linguine

SLOŽENÍ:
- 1 (8 oz.) balíček linguine těstoviny
- 1/2 lžičky vloček červené papriky
- 1 (12 oz.) sáček růžičky brokolice, nakrájený na kousky velikosti sousta
- 1/4 lžičky mletého černého pepře
- sůl podle chuti
- 1/4 šálku olivového oleje
- 4 lžičky mletého česneku
- 1/2 šálku jemně nastrouhaného sýra Romano
- 2 polévkové lžíce jemně nasekané čerstvé ploché petrželky

INSTRUKCE:
a) Těstoviny uvaříme podle návodu na obalu.
b) Přiveďte k varu hrnec s vodou. Nahoru položte parní hrnec. Vařit v ní brokolici pod pokličkou 6 minut
c) Umístěte kastrol na střední teplotu. Rozehřejte v něm olej. Orestujte v něm česnek s vločkami pepře 2 minuty.
d) Získejte velkou mísu: Přeneste do ní směs restovaného česneku s těstovinami, brokolicí, sýrem Romano, petrželkou, černým pepřem a solí. Dobře je promíchejte.
e) Upravte koření salátu. Ihned podávejte.
f) Užívat si.

41. Mátový salát Feta a Orzo

SLOŽENÍ:
- 1 1/4 šálku těstovin orzo
- 1 malá červená cibule, nakrájená na kostičky
- 6 lžic olivového oleje, rozdělených
- 1/2 šálku jemně nasekaných lístků čerstvé máty
- 3/4 šálku sušené hnědé čočky, propláchnuté a okapané
- 1/2 šálku nasekaného čerstvého kopru
- sůl a pepř na dochucení
- 1/3 šálku červeného vinného octa
- 3 stroužky česneku, nasekané
- 1/2 šálku oliv Kalamata, zbavených pecek a nakrájených
- 1 1/2 šálku rozdrobeného sýra feta

INSTRUKCE:
a) Těstoviny uvaříme podle návodu na obalu.
b) Přiveďte k varu osolený velký hrnec s vodou. Vařte v ní čočku, dokud se nezačne vařit.
c) Snižte teplotu a nasaďte víko. Čočku vařte 22 minut. Vyjměte je z vody.
d) Získejte malou mísu: Smíchejte v ní olivový olej, ocet a česnek. Dobře je prošlehejte, aby vznikla zálivka.
e) Získejte velkou mixovací nádobu: Vhoďte do ní čočku, dresink, olivy, sýr feta, červenou cibuli, mátu a kopr se solí a pepřem.
f) Na salátovou mísu zabalte plastovou fólii a vložte ji do lednice na 2 hodiny 30 minut. Salát dochutíme a poté podáváme.
g) Užívat si.

42. Těstovinový salát s ořechovou gorgonzolou

SLOŽENÍ:
- 2 libry svíčkové, na kostky
- 1/2 šálku červeného vína
- 1/2 žluté cibule, nakrájené
- 1 (1,25 oz.) balení hovězího masa s cibulovou polévkovou směsí
- 2 (10,75 oz.) plechovky kondenzované smetanové houbové polévky
- 2 (16 oz.) balíčky vaječných nudlí
- 1 šálek mléka

INSTRUKCE:
a) Rozpalte velkou pánev na středně vysokou teplotu a za stálého míchání smažte hovězí maso a cibuli asi 5
b) minut.
c) Mezitím v míse smícháme houbovou polévku, víno, mléko a polévkovou směs.
d) Směs dejte na pánev a přiveďte k varu.
e) Snižte teplotu na minimum a přikryté vařte asi 2 hodiny.
f) Snižte teplotu na nejnižší stupeň a přikryté vařte asi 4 hodiny.
g) Ve velké pánvi s lehce osolenou vroucí vodou vařte vaječné nudle asi 5 minut.
h) Dobře sceďte.
i) Hovězí směs položte na nudle a podávejte.

43. Čerstvý citronový těstovinový salát

SLOŽENÍ:
- 1 (16 oz.) balení tříbarevných rotini těstovin
- 1 špetka soli a mletého černého pepře podle chuti
- 2 rajčata, zbavená semínek a nakrájená na kostičky
- 2 okurky – oloupané, zbavené semínek a nakrájené na kostičky
- 1 avokádo, nakrájené na kostičky
- 1 vymačkejte citronovou šťávu
- 1 (4 oz.) plechovka nakrájených černých oliv
- 1/2 šálku italského dresinku nebo více podle chuti
- 1/2 šálku strouhaného parmazánu

INSTRUKCE:
a) Těstoviny uvaříme podle návodu na obalu.
b) Získejte velkou mísu: Smíchejte v ní těstoviny, rajčata, okurky, olivy, italský dresink, parmazán, sůl a pepř. Dobře je promíchejte.
c) Těstoviny dejte na 1 hodinu 15 minut do lednice.
d) Získejte malou mixovací nádobu: Vmíchejte do ní citronovou šťávu s avokádem. Avokádo promíchejte s těstovinovým salátem a podávejte.
e) Užívat si.

44. Salát se třemi sýry Tortellini

SLOŽENÍ:
- 1 lb tříbarevných sýrových tortellini, vařené a chlazené
- 1 šálek sýra mozzarella, nakrájený na kostky
- 1/2 šálku sýra feta, rozdrobený
- 1/4 šálku strouhaného parmazánu
- 1 šálek cherry rajčat, napůl
- 1/4 šálku červené cibule, jemně nakrájené
- 1/4 šálku čerstvé bazalky, nasekané
- 1/3 šálku balzamikového dresinku vinaigrette

INSTRUKCE:
a) Ve velké míse smíchejte tortellini, mozzarellu, fetu, parmezán, cherry rajčata, červenou cibuli a čerstvou bazalku.
b) Salát pokapejte balzamikovým vinaigrettem a promíchejte, aby se spojil.
c) Před podáváním dejte alespoň na 1 hodinu do lednice.

45. Pesto a salát Penne ze sušených rajčat

SLOŽENÍ:
- 2 šálky těstovin penne, uvařené a vychladlé
- 1/2 šálku sušených rajčat, nakrájených
- 1/2 šálku strouhaného parmazánu
- 1/3 šálku piniových oříšků, pražených
- 1 šálek baby špenátu
- 1/2 šálku pesto omáčky
- Sůl a pepř na dochucení

INSTRUKCE:

a) Ve velké míse smíchejte těstoviny penne, sušená rajčata, parmazán, piniové oříšky a baby špenát.
b) Přidejte pesto omáčku a míchejte, dokud není vše dobře obalené.
c) Dochuťte solí a pepřem podle chuti.
d) Před podáváním vychlaďte alespoň 1 hodinu v lednici.

46. Těstovinový salát s čedarem a brokolicí

SLOŽENÍ:

- 2 šálky motýlkových těstovin, uvařených a vychladlých
- 1 šálek ostrého sýra čedar, nastrouhaného
- 1 šálek růžičky brokolice, blanšírované a nakrájené
- 1/4 šálku červené cibule, jemně nakrájené
- 1/2 šálku majonézy
- 2 lžíce bílého octa
- 1 lžíce cukru
- Sůl a pepř na dochucení

INSTRUKCE:

a) Ve velké misce smíchejte motýlkové těstoviny, sýr čedar, brokolici a červenou cibuli.
b) V samostatné misce smíchejte majonézu, bílý ocet, cukr, sůl a pepř.
c) Nalijte zálivku na těstovinovou směs a míchejte, dokud nebude rovnoměrně pokrytá.
d) Před podáváním dejte alespoň na 1 hodinu do lednice.

47. Grilovaný salát s tofu a sezamovými nudlemi

SLOŽENÍ:

- 2 šálky soba nudlí, uvařených a chlazených
- 1 blok extra tuhého tofu, grilované a nakrájené na kostky
- 1 šálek lupínkového hrášku, blanšírovaného a nakrájeného na plátky
- 1/2 šálku nakrájené mrkve
- 1/4 šálku zelené cibule, nakrájené
- 2 lžíce sezamových semínek, opražených
- 1/3 šálku sójové omáčky
- 2 lžíce sezamového oleje
- 1 lžíce rýžového octa
- 1 lžíce medu

INSTRUKCE:

a) Tofu grilujte, dokud nebude mít stopy po grilování, a poté jej nakrájejte na kostičky.
b) Ve velké misce kombinujte soba nudle, grilované tofu, hrášek, nakrájenou mrkev, zelenou cibulku a sezamová semínka.
c) V malé misce prošlehejte sójovou omáčku, sezamový olej, rýžový ocet a med.
d) Nalijte dresink na nudlovou směs a míchejte, dokud nebude dobře obalená.
e) Před podáváním dejte alespoň na 1 hodinu do lednice.

48.Těstovinový salát z grilované mušle a chřestu

SLOŽENÍ:
- 2 šálky motýlkových těstovin, uvařených a vychladlých
- 1 lb mušle, grilované
- 1 šálek chřestu, grilovaného a nakrájeného
- 1/4 šálku sušených rajčat, nakrájených
- 1/4 šálku čerstvé bazalky, nasekané
- 3 lžíce extra panenského olivového oleje
- Šťáva ze 2 citronů
- Sůl a pepř na dochucení

INSTRUKCE:
a) Mušle grilujte, dokud nebudou mít stopy po grilování.
b) Chřest ogrilujte do měkka a nakrájejte na malé kousky.
c) Ve velké míse smíchejte těstoviny, grilované mušle, grilovaný chřest, sušená rajčata a čerstvou bazalku.
d) V malé misce prošlehejte olivový olej a citronovou šťávu.
e) Nalijte zálivku na těstovinovou směs a promíchejte, dokud se dobře nespojí.
f) Dochuťte solí a pepřem podle chuti.
g) Před podáváním dejte alespoň na 1 hodinu do lednice.

49. Těstovinový salát s tuňákem a artyčoky

SLOŽENÍ:
- 2 šálky těstovin fusilli, uvařené a vychladlé
- 1 plechovka (6 oz) tuňáka, okapaná a ve vločkách
- 1 šálek cherry rajčat, napůl
- 1/2 šálku marinovaných artyčokových srdíček, nakrájených
- 1/4 šálku černých oliv, nakrájených na plátky
- 2 lžíce kapary
- 1/4 šálku červené cibule, jemně nakrájené
- 2 lžíce čerstvé petrželky, nasekané
- 3 lžíce olivového oleje
- 2 lžíce červeného vinného octa
- Sůl a pepř na dochucení

INSTRUKCE:
a) Ve velké míse smíchejte těstoviny, tuňáka, cherry rajčata, artyčoková srdce, olivy, kapary, červenou cibuli a petržel.
b) V malé misce smíchejte olivový olej, červený vinný ocet, sůl a pepř.
c) Nalijte zálivku na těstovinovou směs a promíchejte, dokud se dobře nespojí.
d) Před podáváním dejte alespoň na 1 hodinu do lednice.

50.Těstovinový salát s krevetami a avokádem

SLOŽENÍ:
- 2 šálky těstovin penne, uvařené a vychladlé
- 1 lb vařené krevety, oloupané a zbavené
- 2 avokáda, nakrájená na kostičky
- 1 šálek cherry rajčat, napůl
- 1/4 šálku červené cibule, jemně nakrájené
- 1/4 šálku čerstvého koriandru, nasekaného
- Šťáva ze 2 limetek
- 3 lžíce olivového oleje
- Sůl a pepř na dochucení

INSTRUKCE:
a) Ve velké misce smíchejte těstoviny, krevety, avokádo, cherry rajčata, červenou cibuli a koriandr.
b) Pokapejte limetkovou šťávou a olivovým olejem, poté dochuťte solí a pepřem.
c) Míchejte, dokud se dobře nespojí.
d) Před podáváním dejte alespoň na 1 hodinu do lednice.

51.Těstovinový salát z uzeného lososa a kopru

SLOŽENÍ:
- 2 šálky těstovin rotini, uvařené a vychladlé
- 4 oz uzeného lososa, nakrájeného
- 1/2 šálku okurky, nakrájené na kostičky
- 1/4 šálku červené cibule, jemně nakrájené
- 2 lžíce kapary
- 1/4 šálku čerstvého kopru, nakrájeného
- 1/3 šálku obyčejného řeckého jogurtu
- Šťáva z 1 citronu
- Sůl a pepř na dochucení

INSTRUKCE:
a) Ve velké míse smíchejte těstoviny, uzeného lososa, okurku, červenou cibuli, kapary a kopr.
b) V malé misce smíchejte řecký jogurt a citronovou šťávu.
c) Nalijte jogurtovou směs na těstoviny a promíchejte, dokud nebudou dobře pokryté.
d) Dochuťte solí a pepřem podle chuti.
e) Před podáváním dejte alespoň na 1 hodinu do lednice.

52. Krabí a mangový těstovinový salát

SLOŽENÍ:
- 2 šálky těstovin farfalle, uvařené a vychladlé
- 1 lb kusového krabího masa, sklizené
- 1 mango, nakrájené na kostičky
- 1/2 šálku červené papriky, nakrájené na kostičky
- 1/4 šálku červené cibule, jemně nakrájené
- 1/4 šálku čerstvého koriandru, nasekaného
- Šťáva ze 2 limetek
- 3 lžíce majonézy
- Sůl a pepř na dochucení

INSTRUKCE:
a) Ve velké misce smíchejte těstoviny, krabí maso, mango, červenou papriku, červenou cibuli a koriandr.
b) V malé misce smíchejte limetkovou šťávu a majonézu.
c) Nalijte zálivku na těstovinovou směs a promíchejte, dokud se dobře nespojí.
d) Dochuťte solí a pepřem podle chuti.
e) Před podáváním dejte alespoň na 1 hodinu do lednice.

53. Tropické ovoce a těstovinový salát s krevetami

SLOŽENÍ:
- 2 šálky těstovin fusilli, uvařené a vychladlé
- 1/2 lb vařené krevety, oloupané a zbavené
- 1 hrnek kousků ananasu
- 1 šálek manga, nakrájeného na kostičky
- 1/2 šálku červené papriky, nakrájené na kostičky
- 1/4 šálku červené cibule, jemně nakrájené
- 1/3 šálku kokosových vloček
- 3 lžíce limetkové šťávy
- 2 lžíce medu
- Sůl a pepř na dochucení

INSTRUKCE:
a) Ve velké misce smíchejte těstoviny, vařené krevety, kousky ananasu, mango, červenou papriku, červenou cibuli a kokosové vločky.
b) V malé misce prošlehejte limetkovou šťávu a med.
c) Nalijte zálivku na těstovinovou směs a míchejte, dokud nebude dobře obalená.
d) Dochuťte solí a pepřem podle chuti.
e) Před podáváním dejte alespoň na 1 hodinu do lednice.

54. Těstovinový salát s bobulemi a feta

SLOŽENÍ:
- 2 šálky motýlkových těstovin, uvařených a vychladlých
- 1 šálek jahod, nakrájených na plátky
- 1/2 šálku borůvek
- 1/2 šálku malin
- 1/2 šálku sýra feta, rozdrobený
- 1/4 šálku čerstvé máty, nasekané
- 3 lžíce balzamikové glazury
- 3 lžíce olivového oleje
- Sůl a pepř na dochucení

INSTRUKCE:
a) Ve velké míse smíchejte těstoviny, jahody, borůvky, maliny, sýr feta a čerstvou mátu.
b) Pokapeme balzamikovou polevou a olivovým olejem.
c) Míchejte, dokud se dobře nespojí.
d) Dochuťte solí a pepřem podle chuti.
e) Před podáváním dejte alespoň na 1 hodinu do lednice.

55. Citrusový a avokádový těstovinový salát

SLOŽENÍ:
- 2 šálky těstovin rotini, uvařené a vychladlé
- 1 pomeranč, segmentovaný
- 1 grapefruit, segmentovaný
- 1 avokádo, nakrájené na kostičky
- 1/4 šálku červené cibule, jemně nakrájené
- 2 lžíce čerstvého koriandru, nasekaného
- 3 lžíce pomerančové šťávy
- 2 lžíce limetkové šťávy
- 3 lžíce olivového oleje
- Sůl a pepř na dochucení

INSTRUKCE:
a) Ve velké míse smíchejte těstoviny, kousky pomeranče, grapefruity, nakrájené avokádo, červenou cibuli a koriandr.
b) V malé misce prošlehejte pomerančovou šťávu, limetkovou šťávu a olivový olej.
c) Nalijte zálivku na těstovinovou směs a míchejte, dokud nebude dobře obalená.
d) Dochuťte solí a pepřem podle chuti.
e) Před podáváním dejte alespoň na 1 hodinu do lednice.

56. Vodní meloun a těstovinový salát Feta

SLOŽENÍ:
- 2 šálky penne nebo makaronových těstovin, uvařených a chlazených
- 2 šálky melounu, nakrájeného na kostičky
- 1/2 šálku okurky, nakrájené na kostičky
- 1/4 šálku červené cibule, jemně nakrájené
- 1/2 šálku sýra feta, rozdrobený
- 2 lžíce čerstvé máty, nasekané
- 3 lžíce balzamikové glazury
- 3 lžíce olivového oleje
- Sůl a pepř na dochucení

INSTRUKCE:
a) Ve velké misce smíchejte těstoviny, meloun, okurku, červenou cibuli, sýr feta a čerstvou mátu.
b) Pokapeme balzamikovou polevou a olivovým olejem.
c) Míchejte, dokud se dobře nespojí.
d) Dochuťte solí a pepřem podle chuti.
e) Před podáváním dejte alespoň na 1 hodinu do lednice.

57. Těstovinový salát s mangem a černými fazolemi

SLOŽENÍ:
- 2 šálky těstovin farfalle, uvařené a vychladlé
- 1 mango, nakrájené na kostičky
- 1 šálek černých fazolí, propláchnutých a scezených
- 1 šálek pražené kukuřice (volitelně)
- 1/2 šálku červené papriky, nakrájené na kostičky
- 1/4 šálku červené cibule, jemně nakrájené
- 2 lžíce čerstvého koriandru, nasekaného
- 3 lžíce limetkové šťávy
- 2 lžíce olivového oleje
- 1 lžička kmínu
- Sůl a pepř na dochucení

INSTRUKCE:
a) Ve velké misce smíchejte těstoviny, nakrájené mango, černé fazole, kukuřici, červenou papriku, červenou cibuli a koriandr.
b) V malé misce smíchejte limetkovou šťávu, olivový olej, kmín, sůl a pepř.
c) Nalijte zálivku na těstovinovou směs a míchejte, dokud nebude dobře obalená.
d) Před podáváním dejte alespoň na 1 hodinu do lednice.

58. Těstovinový salát s jablky a ořechy

SLOŽENÍ:

- 2 šálky těstovin penne, uvařené a vychladlé
- 2 jablka, nakrájená na kostičky
- 1/2 šálku celeru, jemně nakrájeného
- 1/4 šálku vlašských ořechů, nasekaných a opečených
- 1/4 šálku rozinek
- 1/3 šálku řeckého jogurtu
- 2 lžíce majonézy
- 1 lžíce medu
- 1/2 lžičky skořice
- Sůl podle chuti

INSTRUKCE:

a) Ve velké míse smíchejte těstoviny, nakrájená jablka, celer, vlašské ořechy a rozinky.
b) V malé misce smíchejte řecký jogurt, majonézu, med, skořici a špetku soli.
c) Nalijte zálivku na těstovinovou směs a míchejte, dokud nebude dobře obalená.
d) Před podáváním dejte alespoň na 1 hodinu do lednice.

59. Těstovinový salát s ananasem a šunkou

SLOŽENÍ:
- 2 šálky sušených těstovin, uvařených a vychladlých
- 1 hrnek kousků ananasu
- 1/2 šálku šunky, nakrájené na kostičky
- 1/4 šálku červené papriky, nakrájené na kostičky
- 1/4 šálku zelené cibule, nakrájené
- 1/3 šálku majonézy
- 2 lžíce dijonské hořčice
- 1 lžíce medu
- Sůl a pepř na dochucení

INSTRUKCE:
a) Ve velké misce smíchejte těstoviny, kousky ananasu, šunku nakrájenou na kostičky, červenou papriku a zelenou cibulku.
b) V malé misce smíchejte majonézu, dijonskou hořčici, med, sůl a pepř.
c) Nalijte zálivku na těstovinovou směs a míchejte, dokud nebude dobře obalená.
d) Před podáváním dejte alespoň na 1 hodinu do lednice.

60. Těstovinový salát s citrusovými plody

SLOŽENÍ:
- 2 šálky motýlkových těstovin, uvařených a vychladlých
- 1 šálek rozmixovaného ovoce (jahody, borůvky, maliny)
- 1 pomeranč, segmentovaný
- 1/4 šálku čerstvé máty, nasekané
- 2 lžíce medu
- 2 lžíce pomerančové šťávy
- 1 lžíce limetkové šťávy
- Sůl podle chuti

INSTRUKCE:
a) Ve velké míse smíchejte těstoviny, míchané bobule, kousky pomeranče a čerstvou mátu.
b) V malé misce prošlehejte med, pomerančovou šťávu, limetkovou šťávu a špetku soli.
c) Nalijte zálivku na těstovinovou směs a míchejte, dokud nebude dobře obalená.
d) Před podáváním dejte alespoň na 1 hodinu do lednice.

61.Kiwi, jahody a těstovinový salát Rotini

SLOŽENÍ:
- 2 šálky těstovin rotini, uvařené a vychladlé
- 1 šálek jahod, nakrájených na plátky
- 2 kiwi, oloupaná a nakrájená na kostičky
- 1/4 šálku mandlí, nakrájených a opečených
- 2 lžíce makové zálivky
- 2 lžíce řeckého jogurtu
- 1 lžíce medu
- Sůl podle chuti

INSTRUKCE:
a) Ve velké míse smíchejte těstoviny, nakrájené jahody, kiwi nakrájené na kostičky a opečené mandle.
b) V malé misce prošlehejte makovou zálivku, řecký jogurt, med a špetku soli.
c) Nalijte zálivku na těstovinovou směs a míchejte, dokud nebude dobře obalená.
d) Před podáváním dejte alespoň na 1 hodinu do lednice.

62. Mango Salsa s těstovinovým salátem Farfalle

SLOŽENÍ:
- 2 šálky těstovin farfalle, uvařené a vychladlé
- 1 mango, nakrájené na kostičky
- 1/2 šálku černých fazolí, propláchnutých a scezených
- 1/4 šálku červené papriky, nakrájené na kostičky
- 1/4 šálku červené cibule, jemně nakrájené
- 2 lžíce čerstvého koriandru, nasekaného
- 3 lžíce limetkové šťávy
- 2 lžíce olivového oleje
- 1 lžička kmínu
- Sůl a pepř na dochucení

INSTRUKCE:
a) Ve velké misce smíchejte těstoviny, nakrájené mango, černé fazole, červenou papriku, červenou cibuli a koriandr.
b) V malé misce smíchejte limetkovou šťávu, olivový olej, kmín, sůl a pepř.
c) Nalijte zálivku na těstovinovou směs a míchejte, dokud nebude dobře obalená.
d) Před podáváním dejte alespoň na 1 hodinu do lednice.

63. Těstovinový salát s broskví a prosciuttem

SLOŽENÍ:
- 2 šálky těstovin fusilli, uvařené a vychladlé
- 2 broskve, nakrájené na plátky
- 1/4 šálku prosciutta, nakrájeného na tenké plátky
- 1/2 šálku kuliček mozzarelly
- 1/4 šálku červené cibule, jemně nakrájené
- 3 lžíce balzamikové glazury
- 3 lžíce olivového oleje
- Sůl a pepř na dochucení

INSTRUKCE:
a) Ve velké míse smíchejte těstoviny, nakrájené broskve, prosciutto, kuličky mozzarelly a červenou cibuli.
b) Pokapeme balzamikovou polevou a olivovým olejem.
c) Míchejte, dokud se dobře nespojí.
d) Dochuťte solí a pepřem podle chuti.
e) Před podáváním dejte alespoň na 1 hodinu do lednice.

64. Těstovinový salát s borůvkou a kozím sýrem

SLOŽENÍ:
- 2 šálky těstovin penne, uvařené a vychladlé
- 1 šálek borůvek
- 1/2 šálku kozího sýra, rozdrobeného
- 1/4 šálku mandlí, nakrájených a opečených
- 2 lžíce medu
- 2 lžíce balzamikového octa
- 3 lžíce olivového oleje
- Sůl a pepř na dochucení

INSTRUKCE:
a) Ve velké míse smíchejte těstoviny, borůvky, kozí sýr a opečené mandle.
b) V malé misce smíchejte med, balzamikový ocet, olivový olej, sůl a pepř.
c) Nalijte zálivku na těstovinovou směs a míchejte, dokud nebude dobře obalená.
d) Před podáváním dejte alespoň na 1 hodinu do lednice.

65.Špenát, hrášek, maliny a těstovinový salát se spirálou

SLOŽENÍ:
- 8 oz spirálové těstoviny (tříbarevné nebo celozrnné pro přidání barvy a výživy)
- 2 šálky čerstvých špenátových listů, omytých a natrhaných
- 1 šálek čerstvého nebo mraženého hrášku, blanšírovaného a chlazeného
- 1 šálek čerstvých malin, omytých
- 1/2 šálku sýra feta, rozdrobený
- 1/4 šálku červené cibule, jemně nakrájené
- 1/4 šálku nasekaných čerstvých lístků máty
- 1/4 šálku nasekaných čerstvých lístků bazalky
- K **DESSINGU:**
- 1/4 šálku olivového oleje
- 2 lžíce balzamikového octa
- 1 lžíce dijonské hořčice
- 1 lžíce medu
- Sůl a pepř na dochucení

INSTRUKCE:
a) Spirálové těstoviny uvařte podle návodu na obalu. Sceďte a propláchněte studenou vodou, aby rychle vychladla. Dát stranou.

PŘIPRAVTE SI DRESINKU:
b) V malé misce prošlehejte olivový olej, balzamikový ocet, dijonskou hořčici, med, sůl a pepř. Upravte koření podle chuti.

SLOŽTE SALÁT:
c) Ve velké míse smíchejte uvařené a vychladlé spirálové těstoviny, natrhané špenátové listy, blanšírovaný hrášek, maliny, rozdrobený sýr feta, nakrájenou červenou cibuli, mátu a bazalku.
d) Suroviny na salát přelijte zálivkou.
e) Salát jemně promíchejte, aby byly všechny ingredience dobře potaženy dresinkem. Dávejte pozor, abyste maliny nerozdrtili.
f) Zakryjte salátovou mísu plastovou fólií a dejte do chladničky alespoň na 30 minut, aby se chutě propojily.
g) Před podáváním salát na závěr jemně promíchejte. Pokud chcete, můžete ozdobit lístky máty nebo posypem fety.

66. Mandarinkový a mandlový těstovinový salát

SLOŽENÍ:
- 2 šálky těstovin rotini, uvařené a vychladlé
- 1 plechovka (11 oz) mandarinek, okapaných
- 1/2 šálku nakrájených mandlí, opečených
- 1/4 šálku zelené cibule, nakrájené
- 3 lžíce rýžového octa
- 2 lžíce sójové omáčky
- 2 lžíce sezamového oleje
- 1 lžíce medu
- Sůl a pepř na dochucení

INSTRUKCE:
a) Ve velké misce smíchejte těstoviny, mandarinky, opečené mandle a zelenou cibulku.
b) V malé misce smíchejte rýžový ocet, sójovou omáčku, sezamový olej, med, sůl a pepř.
c) Nalijte zálivku na těstovinovou směs a míchejte, dokud nebude dobře obalená.
d) Před podáváním dejte alespoň na 1 hodinu do lednice.

67. Hřebenatka a těstovinový salát

SLOŽENÍ:
- 2 šálky gemelli těstovin, uvařených a chlazených
- 1 lb mušle, orestované
- 1 šálek chřestu, blanšírovaného a nakrájeného
- 1/4 šálku sušených rajčat, nakrájených
- 2 lžíce piniových oříšků, opražených
- 1/4 šálku čerstvé bazalky, nasekané
- 3 lžíce extra panenského olivového oleje
- Šťáva z 1 citronu
- Sůl a pepř na dochucení

INSTRUKCE:
a) Ve velké míse smíchejte těstoviny, orestované mušle, chřest, sušená rajčata, piniové oříšky a bazalku.
b) V malé misce prošlehejte olivový olej a citronovou šťávu.
c) Nalijte zálivku na těstovinovou směs a promíchejte, dokud se dobře nespojí.
d) Dochuťte solí a pepřem podle chuti.
e) Před podáváním dejte alespoň na 1 hodinu do lednice.

68. Citronově česnekové krevety a salát Orzo

SLOŽENÍ:
- 2 šálky těstovin orzo, uvařené a chlazené
- 1 lb velké krevety, vařené a oloupané
- 1 šálek cherry rajčat, napůl
- 1/2 šálku oliv Kalamata, nakrájené na plátky
- 1/4 šálku červené cibule, jemně nakrájené
- 2 lžíce čerstvé petrželky, nasekané
- Kůra a šťáva ze 2 citronů
- 3 lžíce extra panenského olivového oleje
- Sůl a pepř na dochucení

INSTRUKCE:
a) Ve velké misce smíchejte orzo těstoviny, vařené krevety, cherry rajčata, olivy Kalamata, červenou cibuli a petržel.
b) V malé misce smíchejte citronovou kůru, citronovou šťávu, olivový olej, sůl a pepř.
c) Nalijte zálivku na těstovinovou směs a míchejte, dokud nebude dobře obalená.
d) Před podáváním dejte alespoň na 1 hodinu do lednice.

69. Česnekovo-houbové Fusilli s hruškovým salátem

SLOŽENÍ:

- 1 hnědá cibule
- 2 stroužky česneku
- 1 balíček nakrájených hub
- 1 sáček česnekového a bylinkového koření
- 1 balíček světlé smetany na vaření
- 1 sáček kuřecího vývaru v prášku
- 1 balíček fusilli (obsahuje lepek; může být přítomno: vejce, sója)
- 1 hruška
- 1 sáček míchaných salátových listů
- 1 balíček parmazánu
- Olivový olej
- 1,75 šálků vroucí vody
- kapka octa (balsamico nebo bílé víno)

INSTRUKCE:

a) Uvařte konvici. Hnědou cibuli a česnek nakrájíme nadrobno. Rozehřejte velkou pánev na středně vysokou teplotu s vydatnou kapkou olivového oleje. Nakrájené houby a cibuli za občasného promíchání vařte, dokud nezměknou, což trvá asi 6–8 minut. Přidejte česnek, česnek a bylinkové koření a vařte, dokud nebude voňavý asi 1 minutu.

b) Přidejte světlou smetanu na vaření, vroucí vodu (1 3/4 šálku pro 2 osoby), prášek z kuřecího vývaru a fusilli. Míchejte, aby se spojily a přiveďte k varu. Snižte teplotu na střední, přikryjte pokličkou a za občasného míchání vařte, dokud těstoviny nejsou „al dente", což trvá asi 11 minut. Promícháme nastrouhaným parmazánem a dochutíme solí a pepřem.

c) Zatímco se těstoviny vaří, nakrájejte na tenké plátky hrušku. Do střední mísy přidejte kapku octa a olivového oleje. Zálivku přelijte rozmixovanými listy salátu a hruškou. Okoříme a promícháme.

d) Rozdělte krémové houbové fusilli z jednoho hrnce mezi misky. Podáváme s hruškovým salátem. Užijte si lahodné jídlo!

70.Středozemní zeleninový těstovinový salát

SLOŽENÍ:

- 2 šálky těstovin penne, uvařené a vychladlé
- 1 šálek cherry rajčat, napůl
- 1 okurka, nakrájená na kostičky
- 1/2 šálku oliv Kalamata, nakrájené na plátky
- 1/4 šálku červené cibule, jemně nakrájené
- 1/2 šálku sýra feta, rozdrobený
- 1/3 šálku extra panenského olivového oleje
- 2 lžíce červeného vinného octa
- 1 lžička sušeného oregana
- Sůl a pepř na dochucení

INSTRUKCE:

a) Ve velké misce smíchejte těstoviny, cherry rajčata, okurku, olivy Kalamata, červenou cibuli a sýr feta.
b) V malé misce smíchejte olivový olej, červený vinný ocet, sušené oregano, sůl a pepř.
c) Nalijte zálivku na těstovinovou směs a míchejte, dokud nebude dobře obalená.
d) Před podáváním dejte alespoň na 1 hodinu do lednice.

71.Pesto Veggie spirálový těstovinový salát

SLOŽENÍ:
- 2 šálky spirálových těstovin, uvařených a chlazených
- 1 šálek cherry rajčat, napůl
- 1/2 šálku artyčokových srdíček, nakrájených
- 1/2 šálku černých oliv, nakrájených na plátky
- 1/4 šálku červené cibule, jemně nakrájené
- 1/3 šálku pesto omáčky
- 3 lžíce strouhaného parmazánu
- Sůl a pepř na dochucení

INSTRUKCE:
a) Ve velké míse smíchejte těstoviny, cherry rajčata, artyčoková srdce, černé olivy a červenou cibuli.
b) Přidejte pesto omáčku a míchejte, dokud se dobře nepromíchá.
c) Salát posypeme strouhaným parmazánem.
d) Dochuťte solí a pepřem podle chuti.
e) Před podáváním dejte alespoň na 1 hodinu do lednice.

72. Duhový zeleninový těstovinový salát

SLOŽENÍ:

- 2 šálky motýlkových těstovin, uvařených a vychladlých
- 1 šálek růžičky brokolice, blanšírované
- 1 šálek papriky (různé barvy), nakrájené na kostičky
- 1/2 šálku cherry rajčat, napůl
- 1/4 šálku červené cibule, jemně nakrájené
- 1/3 šálku italského dresingu
- Čerstvá bazalka na ozdobu
- Sůl a pepř na dochucení

INSTRUKCE:

a) Ve velké misce smíchejte těstoviny, růžičky brokolice, papriku, cherry rajčata a červenou cibuli.
b) Přidejte italský dresink a míchejte, dokud nebude dobře obalený.
c) Ozdobte čerstvou bazalkou.
d) Dochuťte solí a pepřem podle chuti.
e) Před podáváním dejte alespoň na 1 hodinu do lednice.

73.Asijský sezamový zeleninový nudlový salát

SLOŽENÍ:

- 2 šálky soba nudlí, uvařených a chlazených
- 1 šálek sněhového hrášku, blanšírovaného a nakrájeného na plátky
- 1 hrnek nastrouhané mrkve
- 1/2 šálku červené papriky, nakrájené na tenké plátky
- 1/4 šálku zelené cibule, nakrájené
- 2 lžíce sezamových semínek, opražených
- 1/3 šálku sójové omáčky
- 2 lžíce rýžového octa
- 1 lžíce sezamového oleje
- 1 lžíce medu

INSTRUKCE:

a) Ve velké míse smíchejte soba nudle, sněhový hrášek, nakrájenou mrkev, červenou papriku, zelenou cibulku a sezamová semínka.
b) V malé misce prošlehejte sójovou omáčku, rýžový ocet, sezamový olej a med.
c) Nalijte dresink na nudlovou směs a míchejte, dokud nebude dobře obalená.
d) Před podáváním dejte alespoň na 1 hodinu do lednice.

74.Řecký zeleninový salát Orzo

SLOŽENÍ:
- 2 šálky těstovin orzo, uvařené a chlazené
- 1 šálek okurky, nakrájené na kostičky
- 1 šálek cherry rajčat, napůl
- 1/2 šálku oliv Kalamata, nakrájené na plátky
- 1/4 šálku červené cibule, jemně nakrájené
- 1/2 šálku sýra feta, rozdrobený
- 3 lžíce řeckého dresingu
- Čerstvé oregano na ozdobu
- Sůl a pepř na dochucení

INSTRUKCE:
a) Ve velké misce smíchejte těstoviny orzo, okurku, cherry rajčata, olivy Kalamata, červenou cibuli a sýr feta.
b) Přidejte řecký dresink a míchejte, dokud se dobře nepromíchá.
c) Ozdobte čerstvým oreganem.
d) Dochuťte solí a pepřem podle chuti.
e) Před podáváním dejte alespoň na 1 hodinu do lednice.

75.Pečená zelenina a těstovinový salát z cizrny

SLOŽENÍ:
- 2 šálky těstovin fusilli, uvařené a vychladlé
- 1 šálek cherry rajčat, napůl
- 1 šálek cukety, nakrájené na kostičky
- 1 šálek papriky (různé barvy), nakrájené na kostičky
- 1/2 šálku červené cibule, jemně nakrájené
- 1 plechovka (15 uncí) cizrny, okapaná a propláchnutá
- 3 lžíce balzamikového vinaigrettu
- 3 lžíce olivového oleje
- 2 lžíce čerstvé bazalky, nasekané
- Sůl a pepř na dochucení

INSTRUKCE:
a) Ve velké míse smíchejte těstoviny, cherry rajčata, cuketu, papriku, červenou cibuli a cizrnu.
b) V malé misce smíchejte balzamikový vinaigrette, olivový olej, bazalku, sůl a pepř.
c) Nalijte zálivku na těstovinovou směs a míchejte, dokud nebude dobře obalená.
d) Před podáváním dejte alespoň na 1 hodinu do lednice.

76. Špenát a artyčok studený těstovinový salát

SLOŽENÍ:
- 2 šálky těstovin rotini, uvařené a vychladlé
- 1 šálek listů baby špenátu
- 1 šálek artyčokových srdíček, nakrájených
- 1/2 šálku cherry rajčat, napůl
- 1/4 šálku červené cibule, jemně nakrájené
- 1/3 šálku řeckého jogurtu
- 2 lžíce majonézy
- 2 lžíce strouhaného parmazánu
- 1 lžíce citronové šťávy
- Sůl a pepř na dochucení

INSTRUKCE:
a) Ve velké míse smíchejte těstoviny, baby špenát, artyčoková srdíčka, cherry rajčata a červenou cibuli.
b) V malé misce smíchejte řecký jogurt, majonézu, parmazán, citronovou šťávu, sůl a pepř.
c) Nalijte zálivku na těstovinovou směs a míchejte, dokud nebude dobře obalená.
d) Před podáváním dejte alespoň na 1 hodinu do lednice.

77. Thajský arašídový zeleninový nudlový salát

SLOŽENÍ:

- 2 šálky rýžových nudlí, vařené a chlazené
- 1 šálek růžičky brokolice, blanšírované
- 1 hrnek nastrouhané mrkve
- 1/2 šálku červené papriky, nakrájené na tenké plátky
- 1/4 šálku zelené cibule, nakrájené
- 1/4 šálku arašídů, nasekaných
- 1/3 šálku arašídové omáčky
- 2 lžíce sójové omáčky
- 1 lžíce limetkové šťávy
- 1 lžíce medu

INSTRUKCE:

a) Ve velké misce smíchejte rýžové nudle, růžičky brokolice, nakrájenou mrkev, červenou papriku, zelenou cibulku a arašídy.
b) V malé misce smíchejte arašídovou omáčku, sójovou omáčku, limetkovou šťávu a med.
c) Nalijte dresink na nudlovou směs a míchejte, dokud nebude dobře obalená.
d) Před podáváním dejte alespoň na 1 hodinu do lednice.

78.Caesar Veggie těstovinový salát

SLOŽENÍ:
- 2 šálky motýlkových těstovin, uvařených a vychladlých
- 1 šálek cherry rajčat, napůl
- 1 šálek okurky, nakrájené na kostičky
- 1/2 šálku černých oliv, nakrájených na plátky
- 1/4 šálku červené cibule, jemně nakrájené
- 1/4 šálku strouhaného parmazánu
- 1/4 šálku krutonů, drcených
- 1/2 šálku dresinku Caesar
- Čerstvá petrželka na ozdobu
- Sůl a pepř na dochucení

INSTRUKCE:
a) Ve velké míse smíchejte těstoviny, cherry rajčata, okurku, černé olivy, červenou cibuli, parmazán a drcené krutony.
b) Přidejte dresink Caesar a míchejte, dokud se dobře nepromíchá.
c) Ozdobte čerstvou petrželkou.
d) Před podáváním dejte alespoň na 1 hodinu do lednice.

79. Těstovinový salát s humrem a mangem

SLOŽENÍ:
- 2 šálky těstovin penne, uvařené a vychladlé
- 1 lb humřího masa, vařené a nakrájené
- 1 mango, nakrájené na kostičky
- 1/2 šálku okurky, nakrájené na kostičky
- 1/4 šálku červené cibule, jemně nakrájené
- 1/4 šálku čerstvé máty, nasekané
- Šťáva ze 2 limetek
- 3 lžíce extra panenského olivového oleje
- Sůl a pepř na dochucení

INSTRUKCE:
a) Ve velké míse smíchejte těstoviny, humří maso, mango, okurku, červenou cibuli a mátu.
b) V malé misce smíchejte limetkovou šťávu, olivový olej, sůl a pepř.
c) Nalijte zálivku na těstovinovou směs a promíchejte, dokud se dobře nespojí.
d) Před podáváním dejte alespoň na 1 hodinu do lednice.

80. Středozemní těstovinový salát s krevetami Tzatziki

SLOŽENÍ:
- 2 šálky těstovin fusilli, uvařené a vychladlé
- 1 lb vařené krevety, oloupané a zbavené
- 1 šálek cherry rajčat, napůl
- 1/2 šálku okurky, nakrájené na kostičky
- 1/4 šálku červené cibule, jemně nakrájené
- 1/3 šálku oliv Kalamata, nakrájené na plátky
- 1/2 šálku rozdrobeného sýra feta
- 1/2 šálku tzatziki omáčky
- Čerstvý kopr na ozdobu
- Sůl a pepř na dochucení

INSTRUKCE:
a) Ve velké misce smíchejte těstoviny, vařené krevety, cherry rajčata, okurku, červenou cibuli, olivy a sýr feta.
b) Přidejte omáčku tzatziki a míchejte, dokud se dobře nepromíchá.
c) Dochuťte solí a pepřem podle chuti.
d) Ozdobte čerstvým koprem.
e) Před podáváním dejte alespoň na 1 hodinu do lednice.

81.Těstovinový salát s krevetami a cherry rajčátky

SLOŽENÍ:
- ¾ libry krevet, vařené do růžova, asi 2 minuty, a scezené
- 12 uncí těstovin rotini

ZELENINA
- 1 cuketa, nakrájená
- 2 žluté papriky, nakrájené na čtvrtky
- 10 hroznových rajčat, rozpůlených
- ½ lžičky soli
- ½ bílé cibule, nakrájené na tenké plátky
- ¼ šálku Černé olivy, nakrájené na plátky
- 2 šálky Baby špenát

KRÉMOVÁ OMÁČKA
- 4 lžíce nesoleného másla
- 4 lžíce univerzální mouky
- ½ lžičky soli
- 1 lžička česnekového prášku
- 1 lžička cibulového prášku
- 4 polévkové lžíce výživného droždí
- 2 šálky mléka
- 2 lžíce citronové šťávy

K PODÁVÁNÍ
- Černý pepř

INSTRUKCE
TĚSTOVINY:
a) Připravte těstoviny al dente podle návodu na krabičce.
b) Sceďte a poté dejte stranou.

ZELENINA:
c) Umístěte pánev na mírné teplo a přidejte trochu oleje.
d) Za občasného míchání vaříme cuketu, papriku, cibuli a sůl po dobu 8 minut.
e) Přidejte rajčata a vařte další 3 minuty, nebo dokud zelenina nezměkne.
f) Přidejte špenát a vařte asi 3 minuty nebo dokud nezvadne.

KRÉMOVÁ OMÁČKA:
g) V hrnci na mírném ohni rozpustíme máslo.

h) Přidejte mouku a jemně prošlehejte, abyste vytvořili hladkou pastu.
i) Přidejte mléko a znovu prošlehejte.
j) Vmíchejte zbývající přísady na omáčku a vařte asi 5 minut.

K SESTAVENÍ:
k) Smíchejte vařené krevety, vařené těstoviny, zeleninu, černé olivy a smetanovou omáčku v servírovací misce.
l) Ozdobte posypem mletého černého pepře.

82.Oříškový tuňák a těstovinový salát

SLOŽENÍ:
- 1 hlavička brokolice, rozdělená na růžičky
- 8 velkých černých oliv, nakrájených na plátky
- 1 lb. těstoviny penne
- 1/2 šálku kousky vlašských ořechů, opečené
- 1 lb steaků z čerstvého tuňáka
- 4 stroužky česneku, nasekané
- 1/4 šálku vody
- 2 lžíce nasekané čerstvé petrželky
- 2 lžíce čerstvé citronové šťávy
- 4 filety sardele, opláchnuté
- 1/4 šálku bílého vína
- 3/4 šálku olivového oleje
- 4 střední rajčata, nakrájená na čtvrtky
- 1 lb sýr mozzarella, nakrájený na kostičky

INSTRUKCE:
a) Těstoviny uvaříme podle návodu na obalu.
b) Přiveďte k varu osolený hrnec s vodou. Vařte v něm brokolici 5 minut. Vyjměte ji z vody a dejte stranou.
c) Umístěte velkou pánev na střední teplotu. Vmícháme tuňáka s vodou, bílým vínem a citronovou šťávou. přiklopte pokličkou a vařte, dokud není losos hotový, asi 8 až 12 minut.
d) Filety lososa nakrájejte na kousky.
e) Získejte velkou mixovací nádobu: Vhoďte do ní uvařeného lososa s brokolicí, penne, rybami, rajčaty, sýrem, olivami, vlašskými ořechy, česnekem a petrželkou. Dobře je promíchejte.
f) Umístěte velkou pánev na střední teplotu. Rozehřejte v něm olej. Nakrájejte ančovičky na malé kousky. Vařte je na rozehřáté pánvi, dokud se nerozpustí v oleji.
g) Směs vmícháme do těstovinového salátu a dobře je promícháme. Ihned podávejte svůj těstovinový salát.

83. Kuřecí menu a salát Farfalle

SLOŽENÍ:
- 6 vajec
- 3 zelené cibule, nakrájené na tenké plátky
- 1 (16 oz.) balíček těstovin farfalle (motýlek).
- 1/2 červené cibule, nakrájené
- 1/2 (16 oz.) láhev salátového dresinku italského typu
- 6 kuřecích plátků
- 1 okurka, nakrájená na plátky
- 4 srdíčka římského salátu, nakrájená na tenké plátky
- 1 svazek ředkviček, oříznuté a nakrájené
- 2 mrkve, oloupané a nakrájené

INSTRUKCE:
a) Vejce dejte do velkého hrnce a zalijte vodou. Vejce vařte na středním plameni, dokud se nezačnou vařit.
b) Vypněte oheň a nechte vejce 16 minut uležet. Opláchněte vejce trochou studené vody, aby ztratila teplo.
c) Vejce oloupeme a nakrájíme na plátky a poté je dáme stranou.
d) Kuřecí plátky dejte do velkého hrnce. Zalijte je 1/4 šálku vody. Vařte je na středním plameni, dokud není kuře hotové.
e) Kuřecí plátky sceďte a nakrájejte na malé kousky.
f) Získejte velkou mixovací nádobu: Vhoďte do ní těstoviny, kuřecí maso, vejce, okurku, ředkvičky, mrkev, zelenou cibulku a červenou cibuli. Přidejte italský dresink a znovu je promíchejte.
g) Salát dejte na 1 hodinu 15 minut do lednice.
h) Srdíčka hlávkového salátu položte na servírovací talíře. Mezi ně rozdělte salát. Ihned je podávejte.
i) Užívat si.

84. Krémový těstovinový salát Penn

SLOŽENÍ:

- 1 (16 oz.) krabička těstovin mini penne
- 1/3 šálku nakrájené červené cibule
- 1 1/2 lb. nakrájeného vařeného kuřete
- 1/2 (8 oz.) láhev smetanového dresinku na salát Caesar
- 1/2 šálku nakrájené zelené papriky
- 2 natvrdo uvařená vejce, nakrájená
- 1/3 šálku strouhaného parmazánu

INSTRUKCE:

a) Těstoviny uvaříme podle návodu na obalu.
b) Získejte velkou mísu: Vhoďte do ní těstoviny, kuře, zelenou papriku, vejce, parmazán a červenou cibuli.
c) Přidejte dresink a dobře je promíchejte. Mísu zakryjte a dejte na 2 h 15 do lednice
d) minut. Salát dochutíme a podáváme.
e) Užívat si.

85.Feta a salát z pečené krůty

SLOŽENÍ:
- 1 1/2 šálku olivového oleje
- 3 šálky vařených těstovin penne
- 1/2 šálku červeného vinného octa
- 1 pinta hroznových rajčat, rozpůlená
- 1 lžíce mletého čerstvého česneku
- 8 uncí. rozdrobený sýr feta
- 2 lžičky sušených listů oregana
- 1 (5 oz.) balení směsi jarního salátu
- 3 šálky Pečená krůtí prsa v troubě, nakrájená na silné plátky a nakrájená na kostičky
- 1/2 šálku nasekané italské petrželky
- 1/2 šálku na tenké plátky nakrájené červené cibule
- 1 (16 oz.) sklenice vypeckovaných oliv Kalamata, okapané, nasekané

INSTRUKCE:
a) Získejte malou mísu: Smíchejte v ní olivový olej, ocet, česnek a oregano. Dobře je promíchejte, aby vznikl vinaigrette.
b) Získejte velkou mixovací nádobu: Vhoďte do ní zbytek ingrediencí. Přidejte dresink a znovu je promíchejte. Salát dochutíme a poté podáváme.
c) Užívat si.

86. Těstovinový salát s ořechovým kuřecím masem

SLOŽENÍ:
- 6 plátků slaniny
- 1 (6 oz.) sklenice marinovaných artyčokových srdíček, okapaných 10 špiček chřestu, konce oříznuté a nahrubo nakrájené
- 1/2 (16 oz.) balení rotini, loket nebo penne 1 vařené kuřecí prso, těstoviny nakrájené na kostičky
- 1/4 šálku sušených brusinek
- 3 lžíce nízkotučné majonézy
- 1/4 šálku pražených nakrájených mandlí
- 3 lžíce balsamico vinaigrette salátového dresinku
- sůl a pepř na dochucení
- 2 lžičky citronové šťávy
- 1 lžička worcesterské omáčky

INSTRUKCE:
a) Umístěte velkou pánev na střední teplotu. Vařte v něm slaninu, dokud nebude křupavá. Odstraňte ji z přebytečného tuku. Rozdrobte ji a dejte stranou.
b) Těstoviny uvaříme podle návodu na obalu.
c) Získejte malou mísu: Smíchejte v ní majonézu, balzamikový vinaigrette, citronovou šťávu a worcesterskou omáčku. Dobře je promíchejte.
d) Získejte velkou mixovací nádobu: Vhoďte do ní těstoviny s dresinkem. Přidejte artyčok, kuřecí maso, brusinky, mandle, rozdrobenou slaninu a chřest, špetku soli a pepře.
e) Dobře je promíchejte. Salát necháme 1 hodinu 10 minut vychladit v lednici a poté podáváme.
f) Užívat si.

87.Kuřecí těstovinový salát Caesar

SLOŽENÍ:
- 2 šálky těstovin rotini, uvařené a vychladlé
- 1 lb grilovaných kuřecích prsou, nakrájených na plátky
- 1 šálek cherry rajčat, napůl
- 1/2 šálku černých oliv, nakrájených na plátky
- 1/4 šálku strouhaného parmazánu
- 1/4 šálku krutonů
- 1/2 šálku dresinku Caesar
- Čerstvá petrželka na ozdobu
- Sůl a pepř na dochucení

INSTRUKCE:
a) Ve velké misce smíchejte těstoviny, grilované kuře, cherry rajčata, černé olivy, parmazán a krutony.
b) Přidejte dresink Caesar a míchejte, dokud se dobře nepromíchá.
c) Ozdobte čerstvou petrželkou.
d) Před podáváním dejte alespoň na 1 hodinu do lednice.

88. Krůtí a brusinkový těstovinový salát

SLOŽENÍ:
- 2 šálky těstovin fusilli, uvařené a vychladlé
- 1 lb vařených krůtích prsou, nakrájených na kostičky
- 1/2 šálku sušených brusinek
- 1/4 šálku červené cibule, jemně nakrájené
- 1/2 šálku celeru, jemně nakrájeného
- 1/4 šálku pekanových ořechů, nasekaných
- 1/2 šálku majonézy
- 2 lžíce dijonské hořčice
- Sůl a pepř na dochucení

INSTRUKCE:
a) Ve velké míse smíchejte těstoviny, krůtí maso nakrájené na kostičky, sušené brusinky, červenou cibuli, celer a pekanové ořechy.
b) V malé misce smíchejte majonézu, dijonskou hořčici, sůl a pepř.
c) Nalijte zálivku na těstovinovou směs a míchejte, dokud nebude dobře obalená.
d) Před podáváním dejte alespoň na 1 hodinu do lednice.

89. Těstovinový salát s grilovaným kuřecím masem a bylinkami

SLOŽENÍ:
- 2 šálky těstovin penne, uvařené a vychladlé
- 1 lb grilovaných kuřecích prsou, nakrájených na plátky
- 1 šálek cherry rajčat, napůl
- 1/2 šálku okurky, nakrájené na kostičky
- 1/4 šálku červené cibule, jemně nakrájené
- 1/4 šálku sýra feta, rozdrobený
- 2 lžíce čerstvé petrželky, nasekané
- Šťáva ze 2 citronů
- 3 lžíce extra panenského olivového oleje
- Sůl a pepř na dochucení

INSTRUKCE:
a) Ve velké misce smíchejte těstoviny, grilované kuře, cherry rajčata, okurku, červenou cibuli, sýr feta a petržel.
b) V malé misce smíchejte citronovou šťávu, olivový olej, sůl a pepř.
c) Nalijte zálivku na těstovinovou směs a míchejte, dokud nebude dobře obalená.
d) Před podáváním dejte alespoň na 1 hodinu do lednice.

90.Ranč těstovinový salát s kuřecím masem a slaninou

SLOŽENÍ:

- 2 šálky motýlkových těstovin, uvařených a vychladlých
- 1 lb grilovaných kuřecích prsou, nakrájených na kostičky
- 1/2 šálku cherry rajčat, napůl
- 1/4 šálku červené cibule, jemně nakrájené
- 1/2 šálku slaniny, vařené a rozdrobené
- 1/4 šálku strouhaného sýra čedar
- 1/2 šálku rančového dresinku
- Pažitka na ozdobu
- Sůl a pepř na dochucení

INSTRUKCE:

a) Ve velké míse smíchejte těstoviny, nakrájené grilované kuře, cherry rajčata, červenou cibuli, slaninu a strouhaný sýr čedar.
b) Přidejte rančový dresink a míchejte, dokud se dobře nepromíchá.
c) Ozdobte pažitkou.
d) Před podáváním dejte alespoň na 1 hodinu do lednice.

91. Kuřecí na kari a těstovinový salát s mangem

SLOŽENÍ:
- 2 šálky velkých spirálových těstovin nebo těstovin farfalle, uvařených a chlazených
- 1 lb vařených kuřecích prsou, nakrájených
- 1 mango, nakrájené na kostičky
- 1/2 šálku červené papriky, nakrájené na kostičky
- 1/4 šálku červené cibule, jemně nakrájené
- 1/4 šálku rozinek
- 1/4 šálku kešu ořechů, nakrájených
- 1/2 šálku majonézy
- 1 lžíce kari
- Sůl a pepř na dochucení

INSTRUKCE:
a) Ve velké míse smíchejte těstoviny, drcené kuřecí maso, mango, červenou papriku, červenou cibuli, rozinky a kešu oříšky.
b) V malé misce smíchejte majonézu a kari.
c) Nalijte zálivku na těstovinovou směs a míchejte, dokud nebude dobře obalená.
d) Dochuťte solí a pepřem podle chuti.
e) Před podáváním dejte alespoň na 1 hodinu do lednice.

92. Řecké kuře a salát Orzo

SLOŽENÍ:

- 2 šálky těstovin orzo, uvařené a chlazené
- 1 lb grilovaných kuřecích prsou, nakrájených na kostičky
- 1 šálek cherry rajčat, napůl
- 1/2 šálku okurky, nakrájené na kostičky
- 1/4 šálku červené cibule, jemně nakrájené
- 1/3 šálku oliv Kalamata, nakrájené na plátky
- 1/2 šálku rozdrobeného sýra feta
- 1/4 šálku čerstvé petrželky, nasekané
- 3 lžíce řeckého dresingu
- Sůl a pepř na dochucení

INSTRUKCE:

a) Ve velké misce smíchejte orzo těstoviny, grilované kuře, cherry rajčata, okurku, červenou cibuli, olivy Kalamata, sýr feta a petržel.
b) Přidejte řecký dresink a míchejte, dokud se dobře nepromíchá.
c) Dochuťte solí a pepřem podle chuti.
d) Před podáváním dejte alespoň na 1 hodinu do lednice.

93. Těstovinový salát s kuřecím masem a černými fazolemi

SLOŽENÍ:

- 2 šálky těstovin rotini, uvařené a vychladlé
- 1 lb grilovaných kuřecích prsou, nakrájených na plátky
- 1 plechovka (15 uncí) černých fazolí, opláchnutá a okapaná
- 1 šálek kukuřičných zrn, vařených (čerstvých nebo mražených)
- 1/2 šálku červené papriky, nakrájené na kostičky
- 1/4 šálku červené cibule, jemně nakrájené
- 1/4 šálku čerstvého koriandru, nasekaného
- Šťáva ze 2 limetek
- 3 lžíce olivového oleje
- 1 lžička kmínu
- Sůl a pepř na dochucení

INSTRUKCE:

a) Ve velké misce smíchejte těstoviny, grilované kuře, černé fazole, kukuřici, červenou papriku, červenou cibuli a koriandr.
b) V malé misce smíchejte limetkovou šťávu, olivový olej, kmín, sůl a pepř.
c) Nalijte zálivku na těstovinovou směs a promíchejte, dokud se dobře nespojí.
d) Před podáváním dejte alespoň na 1 hodinu do lednice.

94. Těstovinový salát s kuřecím masem na kari

SLOŽENÍ:
- 2 šálky těstovin penne, uvařené a vychladlé
- 1 lb vařených kuřecích prsou, nakrájených
- 1 mango, nakrájené na kostičky
- 1/2 šálku červené papriky, nakrájené na kostičky
- 1/4 šálku červené cibule, jemně nakrájené
- 1/4 šálku zlatých rozinek
- 1/4 šálku kešu ořechů, nakrájených
- 1/2 šálku majonézy
- 1 lžíce kari
- Sůl a pepř na dochucení

INSTRUKCE:
a) Ve velké míse smíchejte těstoviny, drcené kuřecí maso, mango, červenou papriku, červenou cibuli, rozinky a kešu oříšky.
b) V malé misce smíchejte majonézu a kari.
c) Nalijte zálivku na těstovinovou směs a míchejte, dokud nebude dobře obalená.
d) Dochuťte solí a pepřem podle chuti.
e) Před podáváním dejte alespoň na 1 hodinu do lednice.

95.Caprese Kuřecí Pesto Těstovinový salát

SLOŽENÍ:
- 2 šálky těstovin farfalle, uvařené a vychladlé
- 1 lb grilovaných kuřecích prsou, nakrájených na plátky
- 1 šálek cherry rajčat, napůl
- 1/2 šálku čerstvých kuliček mozzarelly
- 1/4 šálku čerstvé bazalky, nasekané
- 2 lžíce piniových oříšků, opražených
- 1/3 šálku bazalkového pesta
- 3 lžíce balzamikové glazury
- Sůl a pepř na dochucení

INSTRUKCE:
a) Ve velké míse smíchejte těstoviny, grilované kuře, cherry rajčata, kuličky mozzarelly, bazalku a piniové oříšky.
b) Přidejte bazalkové pesto a míchejte, dokud nebude dobře obalená.
c) Zalijeme balzamikovou polevou a dochutíme solí a pepřem podle chuti.
d) Před podáváním dejte alespoň na 1 hodinu do lednice.

96. Asijský sezamový salát s kuřecími nudlemi

SLOŽENÍ:

- 2 šálky soba nudlí, uvařených a chlazených
- 1 lb grilovaných kuřecích prsou, nakrájených
- 1 hrnek nakrájeného zelí
- 1/2 šálku nakrájené mrkve
- 1/4 šálku červené papriky, nakrájené na tenké plátky
- 1/4 šálku zelené cibule, nakrájené
- 2 lžíce sezamových semínek, opražených
- 1/3 šálku sójové omáčky
- 2 lžíce sezamového oleje
- 1 lžíce rýžového octa
- 1 lžíce medu

INSTRUKCE:

a) Ve velké misce smíchejte soba nudle, drcené kuřecí maso, zelí, mrkev, červenou papriku, zelenou cibulku a sezamová semínka.
b) V malé misce prošlehejte sójovou omáčku, sezamový olej, rýžový ocet a med.
c) Nalijte dresink na nudlovou směs a míchejte, dokud nebude dobře obalená.
d) Před podáváním dejte alespoň na 1 hodinu do lednice.

97. Těstovinový salát s citronem a bylinkovým krůtím a chřestem

SLOŽENÍ:

- 2 šálky těstovin fusilli, uvařené a vychladlé
- 1 lb vařených krůtích prsou, nakrájených na kostičky
- 1 šálek chřestu, blanšírovaného a nakrájeného
- 1/2 šálku cherry rajčat, napůl
- 1/4 šálku červené cibule, jemně nakrájené
- 1/4 šálku sýra feta, rozdrobený
- Kůra a šťáva ze 2 citronů
- 3 lžíce extra panenského olivového oleje
- 2 lžíce čerstvé petrželky, nasekané
- Sůl a pepř na dochucení

INSTRUKCE:

a) Ve velké míse smíchejte těstoviny, krůtí maso nakrájené na kostičky, chřest, cherry rajčata, červenou cibuli a sýr feta.
b) V malé misce smíchejte citronovou kůru, citronovou šťávu, olivový olej, sůl a pepř.
c) Nalijte zálivku na těstovinovou směs a míchejte, dokud nebude dobře obalená.
d) Ozdobte čerstvou petrželkou.
e) Před podáváním dejte alespoň na 1 hodinu do lednice.

98. Těstovinový salát s kuřecím a brokolicovým pestem

SLOŽENÍ:

- 2 šálky těstovin penne, uvařené a vychladlé
- 1 lb grilovaných kuřecích prsou, nakrájených na plátky
- 1 šálek růžičky brokolice, blanšírované
- 1/4 šálku sušených rajčat, nakrájených
- 1/4 šálku piniových oříšků, pražených
- 1/2 šálku parmazánu, strouhaného
- 1/3 šálku bazalkového pesta
- 3 lžíce extra panenského olivového oleje
- Sůl a pepř na dochucení

INSTRUKCE:

a) Ve velké míse smíchejte těstoviny, grilované kuře, brokolici, sušená rajčata, piniové oříšky a parmazán.
b) Přidejte bazalkové pesto a olivový olej, míchejte, dokud se dobře nespojí.
c) Dochuťte solí a pepřem podle chuti.
d) Před podáváním dejte alespoň na 1 hodinu do lednice.

99. Buffalo kuřecí těstovinový salát

SLOŽENÍ:

- 2 šálky těstovin rotini, uvařené a vychladlé
- 1 lb vařených kuřecích prsou, nakrájených
- 1/2 šálku celeru, jemně nakrájeného
- 1/4 šálku červené cibule, jemně nakrájené
- 1/4 šálku drobky z modrého sýra
- 1/3 šálku buvolí omáčky
- 1/4 šálku rančového dresinku
- Čerstvá pažitka na ozdobu
- Sůl a pepř na dochucení

INSTRUKCE:

a) Ve velké míse smíchejte těstoviny, drcené kuřecí maso, celer, červenou cibuli a drobky z modrého sýra.
b) V malé misce prošlehejte buvolí omáčku a ranč dresink.
c) Nalijte zálivku na těstovinovou směs a míchejte, dokud nebude dobře obalená.
d) Ozdobte čerstvou pažitkou.
e) Před podáváním dejte alespoň na 1 hodinu do lednice.

100. Těstovinový salát s kuřecím masem a vlašskými ořechy

SLOŽENÍ:
- 2 šálky těstovin farfalle, uvařené a vychladlé
- 1 lb vařených kuřecích prsou, nakrájených na kostičky
- 1/2 šálku sušených brusinek
- 1/4 šálku vlašských ořechů, nasekaných a opečených
- 1/2 šálku celeru, jemně nakrájeného
- 1/4 šálku červené cibule, jemně nakrájené
- 1/2 šálku majonézy
- 2 lžíce dijonské hořčice
- Sůl a pepř na dochucení

INSTRUKCE:
a) Ve velké míse smíchejte těstoviny, nakrájené kuřecí maso, sušené brusinky, vlašské ořechy, celer a červenou cibuli.
b) V malé misce smíchejte majonézu, dijonskou hořčici, sůl a pepř.
c) Nalijte zálivku na těstovinovou směs a míchejte, dokud nebude dobře obalená.
d) Před podáváním dejte alespoň na 1 hodinu do lednice.

ZÁVĚR

Když se chýlí ke konci "KUCHAŘKA NA SALÁTY ŘEMESLNÉ ANTIPASTO", doufáme, že jste si užili objevování rozmanité řady inspirací předkrmových salátů z břehů Itálie, Řecka a dalších. Od klasických oblíbených salátů, jako je salát Caprese a řecký salát, až po vynalézavé výtvory s neočekávanými kombinacemi chutí a inovativními přísadami, tyto recepty nabízejí vzrušující pohled do bohatých kulinářských tradic Středomoří.

Doporučujeme vám experimentovat s různými ingrediencemi, texturami a příchutěmi, abyste si vytvořili své vlastní charakteristické předkrmové saláty, které odrážejí váš osobní vkus a styl. Koneckonců, krása středomořské kuchyně spočívá v její jednoduchosti, všestrannosti a důrazu na čerstvé sezónní suroviny.

Děkujeme, že jste se k nám připojili na této lahodné cestě. Ať se vaše kuchyně naplní vůní olivového oleje, česneku a bylinek a každé sousto předkrmového salátu vás přenese na sluncem zalitou terasu s výhledem na Středozemní moře. Dobrou chuť!

www.ingramcontent.com/pod-product-compliance
Lightning Source LLC
Chambersburg PA
CBHW050353120526
44590CB00015B/1680